Trains de notre enfance

Francis Dréer

Trains de notre enfance

terres éditions

Conception et réalisation graphique, coordination éditoriale, révision : PRODÉDITION

Imprimé en U.E.
Dépot légal : décembre 2011
ISBN : 978-2-3553-0138-4

sommaire

9 avant-propos

10 chapitre 1
Histoires de trains

56 chapitre 2
À toute vapeur !

102 chapitre 3
Une nécessaire reconversion

150 chapitre 4
À l'assaut de la très grande vitesse

184 glossaire

Pendant des décennies, les dépôts vapeur et les gares ont été emplis de fumées noires s'échappant en volutes des cheminées, au rythme de la respiration saccadée des machines, scandée par les coups de bielles. Pour beaucoup, la vapeur était vivante et a été tuée par l'électricité...

Avant-propos

C'est dans la rédaction d'une ordonnance royale en date de 1823 qu'est utilisé officiellement pour la première fois le terme de chemin de fer. Cette ordonnance approuve la création d'une ligne entre Saint-Étienne et Andrézieux ; point départ d'une longue histoire tout entière dédiée à un unique but : la vitesse. C'est en effet à partir de cette époque que l'homme a commencé à courir après le temps : auparavant, les journées se déroulaient au rythme des saisons et de Mère nature, mais avec l'introduction du train, ce sont les heures et même les minutes qui prévalent.

Le train devient, dès le milieu du XIXe siècle, un enjeu économique de première importance. Il stimule la recherche technique, l'industrie sidérurgique, entraîne avec lui l'ascension des grandes banques. Il y a, pendant des années, une véritable « bulle » ferroviaire comparable à celle que produira l'internet un siècle et demi plus tard. Des fortunes considérables se constituent, les compagnies ferroviaires se multiplient avec la bienveillance de l'État qui a parfois bien du mal à distribuer les concessions territoriales. Le chemin de fer bouleverse les reliefs, pénètre au coeur même des villes et irrigue les campagnes. En quelques années, le transport permet de passer de 20 à 60, puis 100 km/h. Les liaisons entre les grandes villes sont cinq, dix puis vingt fois plus rapides. Il fallait de six à huit jours pour relier Paris à Marseille en diligence, au début du XXe siècle, le temps se compte en heures !

Durant l'entre-deux-guerres, la France compte de grandes compagnies : la Compagnie du Nord, le PO (Paris-Orléans-Midi), le PLM (Paris-Lyon-Méditerranée) qui règne sur l'artère impériale (Paris à Lyon et à la Méditerranée), la Compagnie de l'Ouest qui est absorbée par le Réseau de l'État. Mais c'est finalement l'unique SNCF, société nationalisée, qui va, à partir de 1938, rassembler et unifier tous les moyens ferroviaires. Après 1945, elle se convertit très rapidement à l'électricité. C'est le temps des records mondiaux de vitesse et la fin des monstres sacrés de la vapeur, les belles Pacific et autres Mikado. À la fin des années 1960, une nouvelle course à la vitesse s'engage pour concurrencer l'avion et l'autoroute. Elle donne naissance à un nouveau concept de train : le TGV. Une superbe réussite à vocation internationale et qui n'a pas fini de nous étonner.

Vue de la boîte à fumée d'une 231 K8, une ancienne machine de la Compagnie PLM (Paris-Lyon-Méditerranée) qui reste aujourd'hui conservée en état de marche.

chapitre 1

Histoires de trains

En France, le chemin de fer connaît un développement plus lent que dans d'autres pays européens comme l'Angleterre. Ce retard est notamment dû à la taille du territoire – grandes distances séparant les différents points de l'Hexagone, dispersion des centres industriels – et au coût des chantiers d'aménagement, mais également à des lacunes technologiques. La sidérurgie est ainsi incapable de fournir aux compagnies ferroviaires le métal dont elles ont besoin. Enfin, et surtout, le pays manque d'un véritable volontarisme politique en la matière. Alors que le Britannique Richard Trevithick conçoit la première locomotive à vapeur dès 1804 – puis son compatriote Matthew Murray imagine la *Salamanca*, la première machine à effectuer un service commercial en 1812, avant que l'année suivante, la *Puffing Billy* de Blackett et Hedley soit affectée sur une ligne minière –, ce n'est que dix années après qu'un ingénieur en chef des Mines, Pierre Moisson-Desroches, soumet à Napoléon Ier un mémoire *sur la possibilité d'abréger les distances en sillonnant l'Empire de sept grandes voies ferrées à partir de Paris*. Le projet restera sans suite.

Cette petite machine aperçue en France lors d'une fête de la vapeur est d'origine britannique. Elle est classifiée en France sous la configuration 030 (0 essieu avant, 3 essieux moteur, 0 essieu arrière) mais en Royaume-Uni et aux États-Unis, l'appellation est 0-6-0, le chiffre 6 mentionnant le nombre de roues et non pas d'essieux.

Le principe du rail se développe d'abord dans les mines. Le rail diminue en effet grandement la résistance au roulement, ce qui permet à un homme, ou même à un enfant, de pousser un wagonnet.

La première ligne française est toutefois concédée le 26 février 1823. Il s'agit d'un tronçon reliant Saint-Étienne et Andrezieux, au cœur d'un grand centre minier et industriel. Mise en service en 1827 et longue d'une vingtaine de kilomètres, cette ligne n'est ouverte, dans un premier temps, qu'au transport de houille puis, quatre ans plus tard, aux passagers. Les premiers convois sont remorqués par des chevaux et

En 1801 la Puffing Devil *de Richard Trevithick est la première locomotive à tracter effectivement un train. Mais l'engin se déplace sur route et non sur rails. C'est trois ans plus tard que Trevithick conçoit une machine ferroviaire pour une mine de Pen-y-Darren, capable de remorquer plusieurs wagons sur une distance de 15 km. Mais la voie, réalisée en fonte, ne résistera pas au passage du convoi !*

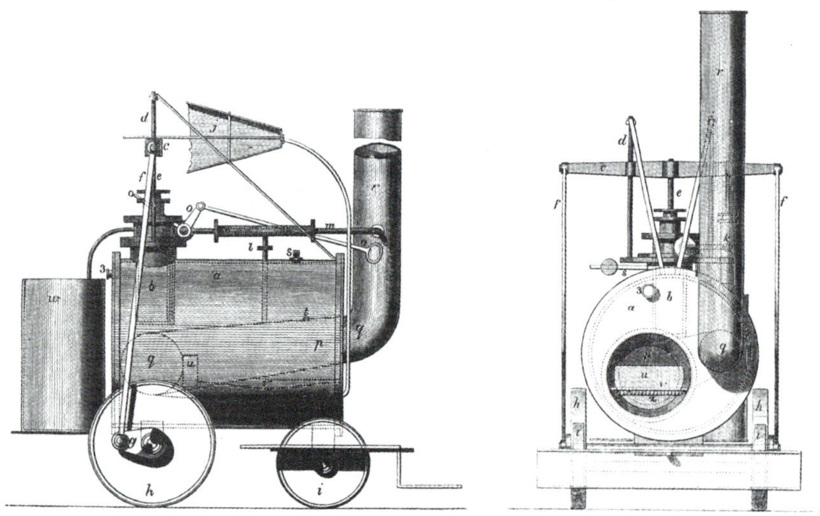

Un étonnant projet de locomotive à crémaillère de Matthew Murray, en 1812. La première locomotive essayée en Allemagne, vers 1816, sera de ce type.

circulent sur des rails en fonte. Il faut attendre 1830 pour que les premières locomotives à vapeur soient affectées sur la ligne Saint-Étienne-Lyon, notamment grâce à la mise au point, en 1826, de la chaudière tubulaire par Marc Séguin, concessionnaire de la ligne. En 1831, le tronçon Paris-Le Pecq est ouvert aux passagers. La puissance des machines connaît une courbe ascendante. En 1840, des locomotives inspirées de la *North Star* de George Stephenson peuvent tirer un train de 80 t à la vitesse de 30 miles par heure, soit un peu plus de 48 km/h !

Dans les années 1830, l'essor du train est soutenu par les courants progressistes et saint-simoniens qui se heurtent au puissant lobby de la route attaché à préserver ses intérêts économiques contre un futur concurrent. Se manifestent aussi les réticences des esprits conservateurs qui considèrent ce nouveau moyen de transport comme le propagateur des valeurs pernicieuses du monde urbain.

La première ligne de chemin de fer commerciale relie en 1825 les villes de Stockton et Darlington, au nord de l'Angleterre. À l'origine, la ligne utilise des chevaux pour la remorque des wagons. George Stephenson est autorisé à y expérimenter ses locomotives à vapeur dont la Locomotion n°1 *représentée ici. Stephenson mettra ensuite au point la* Rocket *(la Fusée) qui sera la machine de tête lorsqu'ouvrira la ligne Manchester-Liverpool, en 1830.*

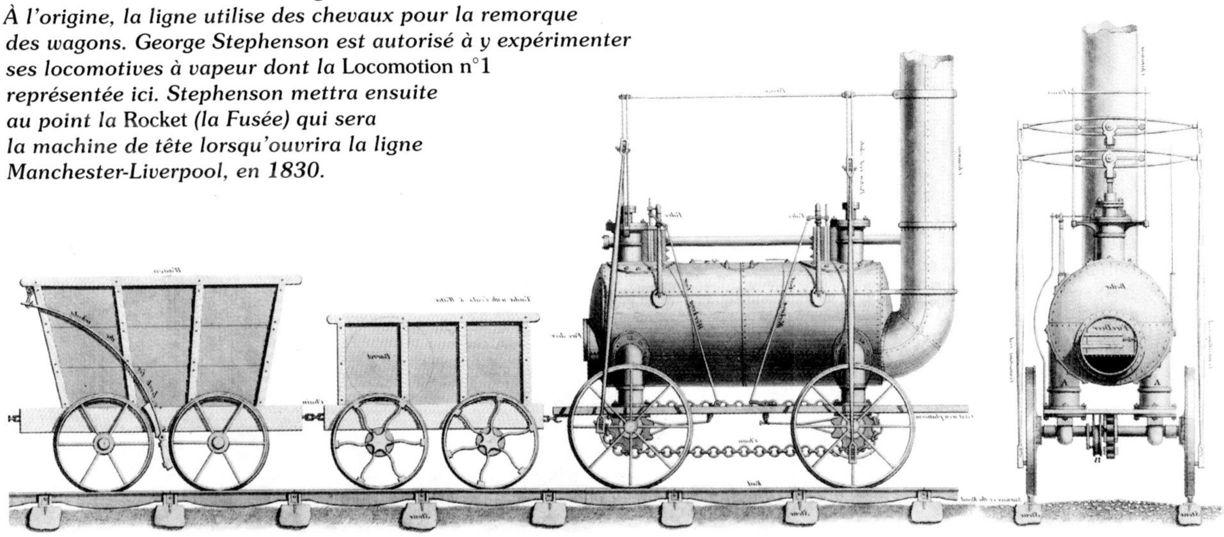

La ligne Liverpool-Manchester (L&MR) ouverte le 15 septembre 1830 est l'œuvre de Stephenson qui a tout supervisé : la voie, et la Fury *(à droite) par la Murray & Wood.*

Des savants comme Donysius Lardner assurent le plus sérieusement du monde que « le voyage en chemin de fer à grande vitesse n'est pas possible car les passagers incapables de respirer mourraient par asphyxie » ! En Bretagne, le poète Auguste Brizeux, dans *L'élégie de la Bretagne* (*Revue de Bretagne et de Vendée*, 1857) dresse du train un tableau apocalyptique *(voir encadré)*.

Ci-dessous : reproduction d'une locomotive Baldwin à trois essieux. Conçue pour le musée de Philadelphie en 1831, cette maquette suscite immédiatement l'intérêt de la Camden & Amboy Railroad Co. En 1832, c'est finalement un tout autre modèle, baptisé* Old Ironside*, qui sera la première vraie machine Baldwin à entrer en service.

Ci-dessus : dans cette édition du Journal pour rire *datant probablement de 1848, les rois d'Europe déchus s'enfuient en ballon et en train vers la Lune. La locomotive à vapeur ne permet pourtant pas encore des moyennes élevées, mais elle est déjà promise à un bel avenir.*

les ouvrages d'art et une partie du matériel roulant. La Liverpool *(à gauche) a été réalisée par la firme Edward Bury & Co.*

Un développement durable

Le développement du rail s'accélère à la fin des années 1830, quand le grand capitalisme commence à s'y intéresser. En 1837, la ligne Paris-Saint-Germain-en-Laye, longue de 18 km, est lancée par les hommes d'affaire Eugène et Isaac Pereire. Les premiers projets ambitieux voient le jour entre 1837 et 1843, notamment Montpellier-Sète et Nîmes-Beaucaire (1839), Paris à Versailles-Rive-Droite et Rive-Gauche (1839 et 1840), Paris-Corbeil (1840), Strasbourg-Bâle (1841, première ligne internationale européenne), Paris-Orléans (2 mai 1843) et Paris-Rouen (3 mai 1843).

En 1840, le réseau français atteint péniblement 400 km de longueur, loin derrière le Royaume-Uni (2 500 km) et les États-Unis (5 800 km). Conscients de ce retard et de l'éparpillement des lignes ouvertes – sans cohérence parce que diversement déterminées en fonction des intérêts locaux – les pouvoirs publics initient enfin une politique ferroviaire digne de ce nom. Louis-Philippe promulgue le 11 juin 1842 la loi relative à l'établissement des grandes lignes de chemins de fer. Cette véritable charte prévoit l'aménagement et la mise en service d'un vaste réseau ébauché par le projet de Baptiste Legrand. Influencé par les travaux de Pierre Moisson-Desroches et s'inspirant du découpage routier national,

Ah ! Le grand destructeur arrive ! Sous la nue, une lourde vapeur annonce sa venue ; c'est un dragon de fer aveugle et sourd, sans ailes, ce dragon ne vole pas, il court ; sur son chemin uni roulant comme une meule, il va, plein d'un brasier qu'il vomit par sa gueule ; esclave obéissant, mais dans un brusque ennui, brûlant les insensés qu'il emporte avec lui.

(...) Le dernier de nos jours penche vers son déclin : voici le dragon rouge annoncé par Merlin ! Il vient, il franchit les marches de Bretagne, traversant le vallon, éventrant la montagne, passant fleuves, étangs, comme un simple ruisseau, plus rapide nageur que la couleuvre d'eau : il a ses sifflements ! Parfois le monstre aveugle est le taureau voilé dans l'arène et qui beugle. Quand s'apaise la mer, écoutez longuement venir sur le vent d'est le hideux beuglement ! C'est le grand ennemi ! Pour aplanir sa voie, menhirs longtemps debout, chênes vous tomberez ! L'ingénieur vous marque et l'ouvrier vous broie : tombez aussi, tombes, ô cloîtres vénérés !

Auguste Brizeux

L'élégie de la Bretagne, *1857*

La mise en service des trains nécessite la construction d'ouvrages d'art – ici non loin des chutes du Niagara – conçus avec le matériau le plus moderne de l'époque : l'acier.

celui-ci a en effet conçu, en 1838, un réseau centralisé, reliant la capitale aux frontières terrestres et maritimes, aux grandes métropoles, aux centres économiques et stratégiques. L'article premier de la loi de 1842 envisage ainsi l'ouverture de lignes vers la frontière belge par Lille et Valenciennes, vers le littoral de la Manche, point d'embarquement pour l'Angleterre, vers la frontière allemande par Nancy et Strasbourg, vers la Méditerranée *via* Lyon, Marseille et Sète, vers l'océan Atlantique par Tours et Nantes, vers l'Espagne par Tours, Poitiers, Angoulême, Bordeaux et Bayonne, et enfin vers le centre du pays par Bourges. Des lignes transversales sont également prévues entre la Méditerranée et le Rhin par Lyon, Dijon et Mulhouse, ainsi qu'entre l'Atlantique et la Méditerranée, de Bordeaux à Marseille *via* Toulouse. La loi précise également l'organisation financière et administrative de ce projet qui s'appuie sur un partenariat public-privé : l'État prend en charge les travaux d'infrastructure, Les grandes compagnies privées, dans lesquelles la bourgeoisie d'affaires est majoritaire, s'occupant de la pose des rails, du matériel roulant, de la construction des gares et de l'exploitation des lignes. Pour ce faire, l'État octroie aux compagnies des concessions à baux pouvant aller jusqu'à quatre-vingt-dix-neuf ans, ce qui leur garantit une sécurité économique. En revanche, les pouvoirs

Le train à vapeur servant de navette lors de l'exposition universelle de Paris, en 1889.

Assemblée en Grande-Bretagne, la Stourbridge Lion *est la première locomotive à circuler aux État-Unis, en 1829.*

Ci-contre : en 1831, Robert Stephenson, fils de George, conçoit la John Bull *pour une compagnie américaine. Elle servira jusqu'en 1866. Plus tard remise en état par la Smithsonian Institution, elle est en 2011 la plus vieille locomotive connue encore en état de fonctionner.*

Ci-contre : première machine à entrer en service commercial aux États-Unis, en 1831, la DeWitt Clinton est construite par la West Point Foundry pour la compagnie Mohawk & Hudson (État de New York). La machine crache tellement d'étincelles qu'il est arrivé qu'elle doive s'arrêter près d'une citerne à eau pour éteindre les vêtements en feu de certains passagers !

Le train fait son entrée en scène partout, y compris au théâtre avec la pièce américaine A mile a minute *dont la vedette est l'actrice Minnie Palmer (qui n'est autre que la mère des Marx Brothers)… et la principale attraction une locomotive anglaise importée à grands frais (25 000 $!)*

***En 1851**, la Compagnie du chemin de fer de Paris à Orléans met en service un train spécial pour le prince-président, futur Napoléon III. C'est à bord de ce train qu'il effectuera des visites dans le centre du pays.*

publics conservent un essentiel droit de regard, notamment sur les questions d'entretien et de sécurité.

Le vote de cette loi permet d'accélérer l'essor du train en France, d'autant plus que les investisseurs affluent, mis en appétit suite à la publication des profits réalisés en 1843 et 1844 par les compagnies exploitant les lignes de Paris à Rouen et à Orléans. En 1847, 1 638 millions de francs sont engagés pour la construction de chemins de fer dont 1 105 millions par les seules compagnies privées. Le réseau se densifie régulièrement et s'étend en étoile sur l'ensemble du territoire : mises en service de liaisons de Paris à Lille et à Valenciennes en 1846, d'Amiens à Boulogne en 1848, de Paris à Strasbourg et de Tours à Angers en 1849. Une myriade de compagnies, aux finances plus ou moins solides, apparaissent dans tout le pays : chemins de fer nantais, de Lyon à Genève, du Dauphiné, d'Alsace, des Charentes, des Dombes, de Vendée, de Rouen à Orléans, d'Orléans à Châlons, des Ardennes, etc.

La bienveillance du Second Empire

Freiné par la révolution de 1848, le mouvement s'intensifie durant le Second Empire. Un premier phénomène de concentration s'opère, provoquant la disparition des compagnies les plus fragiles et la constitution de six grandes sociétés anonymes qui vont se partager l'essentiel du réseau hexagonal.

La plus ancienne est la Compagnie du chemin de fer de Paris à Orléans – surnommée le PO. Elle est fondée le 13 août 1838 avec un capital de 40 millions de francs à l'occasion de la concession de la ligne Paris-Orléans. Mise sous séquestre en 1847, elle est restructurée et connaît un essor considérable durant le Second Empire. On retrouve désormais parmi ses actionnaires des industriels miniers de Fourchambault, des fondeurs de Montluçon et de Decazevilles. Elle rachète notamment la Compagnie du Grand central en 1853. Elle se distingue par sa politique d'innovation mécanique, s'assurant le concours de

nombreux ingénieurs de talent – Camille Polonceau, François Tamisier ou encore Victor Forquenot.
En 1845, c'est au tour de la Compagnie du chemin de fer du Nord de voir le jour. Elle doit mettre en service les lignes reliant Paris à la frontière belge *via* Lille et Valenciennes. Forte d'un capital de 200 millions de francs, elle compte parmi ses 20 000 actionnaires le banquier James de Rotschild, Jean-Henri Hottinguer et Edward Blount. Elle se développe en absorbant plusieurs petites compagnies du Nord, ainsi qu'en ouvrant de nouvelles lignes. À l'orée des années 1850, la compagnie dispose d'un des réseaux les plus denses de l'Hexagone. Ses convois sont reconnaissables à la couleur des locomotives : vert vif à filets rouges puis, pour les machines compounds (à système de réutilisation de la vapeur) le fameux chocolat.
Quant aux lignes du Sud-Ouest, elles sont principalement couvertes par la Compagnie du Midi, que les frères Émile et Isaac Pereire – originaires de cette partie du pays et intimes de Napoléon III – fondent en 1852. L'essor de la Compagnie du Midi se fait de pair avec le développement du tourisme balnéaire, notamment à Biarritz où l'empereur, pour être agréable à l'impératrice Eugénie, fait construire un somptueux palais.

Naissance des grandes compagnies

En 1853, la Compagnie de l'Est naît de la fusion de la Compagnie du chemin de fer de Paris à Strasbourg (fondée en 1845 pour l'exploitation des lignes reliant Paris aux grandes villes de l'Est – Strasbourg, Nancy, Mulhouse) avec la Compagnie du chemin de fer de Montereau à Troyes. Elle s'agrandit en 1854, après l'absorption de la Compagnie du chemin de fer de Strasbourg à Bâle, puis en 1863 avec le rachat de la Compagnie des Ardennes.
Comme son nom l'indique, la Compagnie de l'Ouest est particulièrement impliquée dans le développement ferroviaire de la partie occidentale du pays. Elle naît en 1855 suite à la fusion de plusieurs compagnies – celles de Paris à Rouen, de Rouen au Havre, de Saint-Germain, de Dieppe à Fécamp, de Paris à Caen et Cherbourg. Dans la foulée, elle ouvre plusieurs lignes telles que Paris-Rennes-Brest, Rennes-Saint-Malo ou Le Mans-Angers.

Née en 1849 sous forme d'un embarcadère (on ne parle pas encore de gare), la gare de Paris-Lyon prend réellement forme en 1855. Ce n'est qu'en 1900 que la tour-horloge lui est accolée.

D'origine britannique, les machines de la Compagnie de l'Ouest type Buddicom se distinguent par un essieu moteur central. Ces locomotives seront actives sur les lignes Paris-Rouen, Rouen-Le Havre ou encore Rouen-Dieppe. La photo a été prise, dans les ateliers Buddicom, à Sotteville-lès-Rouen, où les machines sont entretenues.

N° 500

Une 030 type Bourbonnais près de la gare de La Roche-sur-Yon au début du XXe siècle. L'époque est aux signaux mécaniques, aux voitures à portières et aux wagons en bois. Un siècle plus tard, on trouve encore sur certains réseaux des commandes d'aiguilles manuelles, là où la commande électrique ne se justifie pas.

Enfin, dernière des grandes sociétés ferroviaires à naître, la Compagnie des chemins de fer de Paris à Lyon et à la Méditerranée (ou Paris-Lyon-Méditerranée, ou PLM) est constituée simultanément à la construction du réseau entre la capitale, Lyon et le Sud-Est. Ce projet débute en 1843 par la concession du tronçon Avignon-Marseille à la compagnie homonyme. L'année suivante, la Compagnie du chemin de fer de Paris à Lyon obtient la concession de la ligne reliant les deux agglomérations. La liaison entre Lyon et Avignon est confiée à la Compagnie Lyon-la Méditerranée (LLM) en 1849. L'ensemble des travaux est achevé en 1856. Suite à des regroupements entre compagnies, la ligne – ainsi que ses nombreux embranchements – sont exploités par la Compagnie Lyon-la Méditerranée et la Compagnie du chemin de fer de Paris à Lyon. Ces deux sociétés sont dissoutes en 1857 et remplacées par la Compagnie des chemins de fer de Paris à Lyon et à la Méditerranée (PLM) fondée par Paulin Talabot, politicien, industriel et homme d'affaires qui participe également à la création du Crédit lyonnais et de la Société générale.

Le quadrillage du pays se poursuivant, le train arrive bientôt dans les principales villes : Marseille (1848), Nancy (1850), Nantes (1851), Bordeaux (1853), Clermont-Ferrand (1855), Toulouse (1856), Rennes et Caen (1857), Brest (1864), etc. En 1850, le réseau français atteint 1 950 km de lignes exploitées, puis 4 100 km en 1860 et 17 400 en 1870. À cette date, l'Hexagone fait presque jeu égal avec les grandes puissances occidentales (en 1869, le réseau du Royaume-Uni compte 24 768 km contre 17 330 km en Allemagne). Pour soutenir cet effort, l'État joue à nouveau un rôle prépondérant. Les conventions de 1858 et 1859 inspirées par le duc de Morny, conseiller et beau-frère de Napoléon III,

initient un second réseau, complémentaire du premier et dont les lignes sont concédées aux six grandes compagnies.
Ces conventions garantissent aux compagnies l'intérêt et l'amortissement des obligations nouvelles – « système de déversoir » qui permet de bloquer les dividendes des actions anciennes à leur niveau de 1857 et d'utiliser les excédents du réseau préexistant pour solder le déficit du nouveau. Les sommes nécessaires au fonctionnement de la « garantie d'intérêt » représentaient des avances qui viennent encore grever les compagnies et facilitent leur assujettissement. Les petits épargnants qui y investissent sont ravis et les pouvoirs publics se déchargent de la construction de lignes nouvelles à plus faible rentabilité : sur le papier, tout le monde y gagne donc, sauf les compagnies qui doivent sans cesse investir et moderniser leur parc et leur réseau.

Le réseau secondaire

En 1865, la loi Migneret donne la possibilité aux départements et aux communes de concéder des lignes de chemin de fer dites « d'intérêt local ». Comme leur nom l'indique, elles ont pour objectif de relier des communes ou des enclaves rurales auparavant isolées. Elles sont placées sous le contrôle et l'autorité des collectivités locales (départements ou communes), celles-ci devant aussi assurer les mises à l'étude et les constructions. Pour ce qui est de l'exploitation, la collectivité locale l'assure en régie directe, ou bien peut la concéder à des partenaires privés.
De nombreux projets sont ainsi lancés localement par des compagnies aux moyens malheureusement insuffisants ; d'autant plus insuffisants que les exigences de l'État, en

Le tramway se développe aux État-Unis et s'implante en France en 1838. Les voitures sont initialement tractées par des chevaux, puis par des machines diversement propulsées : par air comprimé, vapeur, puis électricité à partir de 1890.
À Rennes comme dans toutes les villes de France, il connaît un engouement sans pareil, mettant fin à des siècles de traction hippomobile pour le transport des personnes.

Au lieu-dit le Bois d'Amour, non loin des dunes du Mazy, voici l'express se rendant à La Baule. Le nombre important de voitures à portières latérales et guérite a nécessité le renfort d'une seconde machine en tête du train.

alourdissant le cahier des charges, enflent les coûts de réalisation des lignes. Cette fragilité financière contribue à une grave crise de croissance qui éclate dans les années 1870, également provoquée par l'irrationalité de ce réseau français composé de sous-réseaux disparates, et par l'encombrement de certaines lignes.

Les pertes atteignent des niveaux sans précédent. Quatre des principales compagnies ferroviaires françaises accusent en 1883 un déficit de 634 millions de francs ! Nombre de petites compagnies se révèlent incapables d'achever les lignes qui leur ont été concédées et sont acculées à la ruine. Pour les sauver, l'État se résout à intervenir à partir de 1875 en rachetant ou en échangeant des lignes avec les grandes compagnies. Ainsi dans l'Ouest, il rétrocède à la Compagnie du chemin de fer de Paris à Orléans (PO) les lignes d'Angoulême, de Bordeaux-La Sauve, et de Saint-Nazaire-Le Croisic, la Compagnie du Paris-Orléans abandonnant en échange à l'État Niort-La Possonière, Nantes-La Roche-sur-Yon, Saint-Benoist-La Chapelle, Château-du-Loir-Saint-Calais et Rochefort. Dans le même temps, les petites compagnies en difficulté sont également placées sous tutelle des pouvoirs publics afin d'éviter leur disparition. Cette politique est entérinée par la loi du 18 mai 1878 qui entraîne la constitution du Réseau de l'État qui, après l'investissement des 500 millions de francs-or nécessaires aux rachats de compagnies et de concessions, se retrouve à la tête de 2 615 km de lignes dispersées aux quatre coins du pays.

La configuration 220 (2 essieux avant, 2 essieux moteurs, 0 essieu arrière) dite American ou Outrance est l'archétype de la locomotive de la conquête de l'Ouest. La firme Baldwin en construira un très grand nombre. Ce type de locomotives sera aussi apprécié au Royaume-Uni en tête de rapides prestigieux. En France, on retrouve aussi cette configuration 220, résultant souvent de conversions d'anciennes 120 auxquelles on a ajouté un essieu avant porteur.

La montée en puissance du Réseau de l'État

Dans les années qui suivent sa création, « l'État » s'attache à rationaliser son réseau. Après avoir achevé en priorité, entre 1878 et 1883, les tronçons abandonnés par les compagnies déficientes, ce qui lui apporte 471 km de voies supplémentaires, il concentre son activité sur deux de ses principales lignes : Paris-Bordeaux et Nantes-Bordeaux. Ce qui ne l'empêche pas d'absorber d'autres sociétés ni d'ouvrir de nouveaux tronçons, et de devenir ainsi le principal acteur de l'Ouest, notamment après le rachat de la Compagnie de l'Ouest, en 1909.

En difficulté financière depuis plusieurs années, la Compagnie de l'Ouest avait de plus en plus de mal à entretenir son matériel roulant, s'exposant ainsi aux déficiences des machines, aux accidents et à la désaffection des voyageurs. De son rachat par l'État naît le Réseau Ouest-État, cette opération faisant de la compagnie publique la deuxième du pays derrière la Compagnie PLM. Grâce à l'apport de la Compagnie de l'Ouest, l'État possède désormais le contrôle financier, la tutelle et l'exploitation de plus de 9 000 km de voies. Enfin, détail d'importance, l'absorption de la Compagnie de l'Ouest permet au Réseau de l'État d'avoir accès à la capitale – pour y parvenir, il était auparavant obligé de faire tracter ses trains par la Compagnie de l'Ouest, concessionnaire de la section allant de Chartres à Paris-Montparnasse.

Cette 230 suscite visiblement l'intérêt du public rassemblé non loin de la verrière de la gare de Chateauroux.

La gare de Chateauroux au début du XXe siècle. Les voies pénètrent dans la ville grâce à une tranchée (on aperçoit les murs de soutènement à gauche). À droite, le hall à marchandises. Au fond, la gare proprement dite et sa verrière. Au premier plan, le gril de voies, c'est-à-dire l'enchevêtrement (encore peu dense à cette époque) des voies, des embranchements et des bifurcations.

Densification du réseau

La création du Réseau de l'État s'inscrit dans un plus large projet de développement des voies de communication initié par le ministre des Travaux publics, Charles-Louis de Saules de Freycinet (1828-1923). Ce plan vise à aménager, moderniser et étendre les réseaux de communication ferrés et fluviaux ainsi que les infrastructures portuaires, afin de favoriser l'expansion économique du pays. Dans sa partie ferroviaire, le plan envisage l'essor d'un troisième grand réseau censé desservir les zones les plus enclavées et les plus reculées du pays. La loi entérinant le plan Freycinet est adoptée le 17 juillet 1879. Elle prévoit la construction en dix ans de plus de 8 000 km de voies ferrées (répartis sur 150 nouvelles lignes) pour un budget de 4 à 5 milliards de francs, dans les régions les plus écartées et les moins actives du pays – le plan a pour ambition de desservir toutes les sous-préfectures. Un total de 38 300 km de lignes d'intérêt général serait ainsi atteint. Ce plan très ambitieux, s'étalant sur plus d'une centaine de chantiers, est en fait réalisé à un rythme plus lent que prévu et ne sera véritablement achevé que vers 1914. Son exécution permet cependant à l'État d'accroître encore plus son influence auprès des compagnies privées.

Revigorées par l'intervention des pouvoirs publics, celles-ci ont renoué avec les bénéfices. Le gouvernement en profite pour leur imposer, par le biais de la loi du 20 novembre 1883, de nouvelles conditions à la « garantie d'intérêt » (les compagnies s'engagent à ouvrir de nouvelles concessions et à participer aux frais d'exploitation pour une somme forfaitaire, la subvention publique étant versée au-dessus du plafond que définit la garantie d'intérêt), mais également des normes de sécurité de plus en plus draconiennes ainsi qu'un encadrement tarifaire strict.

C'est à cette époque que les chemins de fer prennent une dimension de service public. Le maillage ferroviaire français se renforce encore entre 1880 et 1914 par l'ouverture de nombreux réseaux secondaires ou vicinaux, complémentaires des lignes mises en service dans le cadre du plan Freycinet. La création du Réseau de l'État coïncide avec une incroyable demande de nouvelles lignes de la part des élus locaux. Ce sont 20 000 km de lignes de chemins de fer d'intérêt local qui sont construits durant ce laps de temps. Malgré les réticences affichées par les grandes compagnies qui voient d'un mauvais œil le développement d'un réseau pourtant plus complémentaire que concurrent, le train relie désormais préfectures et sous-préfectures aux chefs-lieux de canton, tout en desservant la plupart des communes de ces territoires. Pour limiter leur coût de construction, l'écartement des rails est limité à 1 m, voire à 60 cm, et l'implantation des voies s'effectue, quand cela est possible, en accotement des routes. Le tracé des lignes épouse également les reliefs afin d'éviter la construction d'ouvrages d'art onéreux.

La constitution et l'existence de ce réseau ont des répercussions non négligeables dans un pays où la densité reste faible et l'accès au train essentiel pour la survie et l'équilibre de certaines régions. En dépit des nombreuses critiques qui l'accusent d'encourager l'exode rural et stigmatisent l'inutilité et le coût prohibitif de certaines lignes, le réseau vicinal complète efficacement les réseaux nationaux établis entre 1840 et 1870.

BEL ACTE DE COURAGE D'UNE GARDE-BARRIÈRE

«Bel acte de courage d'une garde-barrière» titre Le Petit Journal *du 7 avril 1907. Le train suscite encore la méfiance. Il faut dire que les accidents, qui font régulièrement les choux gras de la presse populaire, prennent vite des proportions catastrophiques à cause du manque de rigidité des voitures en bois qui s'écrasent et prennent feu au moindre déraillement.*

Une voiture de la CIWL (Compagnie internationale des wagons-lits) vient d'arriver à la gare transatlantique de Cherbourg. Les passagers de 1re classe qui en descendent sont à un pas du luxueux paquebot où ils ont réservé.
À droite : un train tracte indifféremment des voitures de voyageurs mais celles-ci n'offrent pas le même confort selon que l'on voyage en 1re, en 2e ou en 3e classe. L'homme qui se penche avec sa femme par la fenêtre de cette voiture fait la une de la presse de part et d'autre de la Manche qu'il vient de traverser en aéroplane : c'est Louis Blériot.

D'ailleurs, cette logique de densification des réseaux ferroviaires est devenue si naturelle qu'elle s'étend jusqu'à l'intérieur des grandes villes qui se dotent de tramways assurant le service de navettes urbaines. Tout d'abord à traction hippomobile, ces voitures utilisent ensuite pour se mouvoir la vapeur, l'air comprimé et l'électricité (en accumulateurs tout d'abord, puis par le biais de trolleys). Nancy (1874), Marseille (1876), Orléans (1877), Strasbourg (1877), Nice, Nantes et Lyon (1879), Bordeaux (1880), Toulouse (1887), Saint-Malo (1889), Clermont-Ferrand (1890), Grenoble (1894), Caen (1895), Lorient et Angers (1896), Le Mans et Rennes (1897), Brest (1898), Reims (1900) mettent successivement en service leurs propres réseaux. Enfin Paris, que dessert un tramway depuis 1855 (au début du XXe siècle, une dizaine de compagnies concessionnaires s'en partagent l'exploitation), dispose dès 1900 de sa première ligne souterraine dite « chemin de fer métropolitain ».

La locomotive n° 2541 est une 230 que la Compagnie de l'Ouest adopte à partir de 1908. Elle est la cousine d'une série de machines de même configuration, utilisées par la compagnie depuis 1896. La 2541 (qui devient la 230-141 en 1909) aura vingt-neuf sœurs, toutes en tête de trains rapides dont les Transatlantique.

Naissance des trains de légende

Hormis son intérêt économique, le train acquiert également une dimension mythique et luxueuse avec la mise en service d'un train de légende : l'*Orient-Express*. À l'origine, l'homme d'affaires belge Georges Nagelmackers fonde en 1876 la Compagnie internationale des wagons lits (CIWL) qui s'inspire directement des trains américains dotés des fameux wagons de George Pullman, inventeur des voitures-lits. Nagelmackers met en service des trains continentaux comportant de luxueux wagons – les voitures-lits (WL), les voitures-restaurants (WR) et les voitures-salons (WD). En 1882 est lancé le train *Éclair* qui relie Paris à Vienne en près de 28 heures. L'année suivante est inauguré l'*Express d'Orient* qui, deux fois par semaine, emmène les passagers de Paris à Istanbul *via* Strasbourg, Munich, Vienne et Bucarest (la liaison n'est cependant pas directe, les passagers devant emprunter un vapeur pour traverser la mer Noire et prendre un second train vers Istanbul). L'achèvement de la ligne vers Istanbul, en 1889, permet la mise en service de l'*Orient-Express* en 1891. Une clientèle haut de gamme l'emprunte et profite du confort de ses emménagements, mais aussi du luxe des hôtels ouverts par la Compagnie des wagons-lits dans les villes qu'il dessert comme le *Pera Palas* d'Istanbul. Si l'*Orient-Express* est le plus connu de ces trains de légende, Nagelmackers a vu plus grand en développant le *Sud-Express* (Paris-Lisbonne *via* Madrid), le *Nord-Express* (Paris-Saint-Pétersbourg, puis la Pologne et la Scandinavie) et enfin le fameux *Transsibérien* reliant les capitales d'Europe jusqu'à Vladivostok.

Le monogramme de la Compagnie internationale des wagons-lits et des grands express européens évoque à lui seul les grandes liaisons continentales.

Étiquette de bagage du* Golden Arrow *(la* Flèche d'Or*), un train de la CIWL reliant la gare de Paris-Nord à celle de Victoria, à Londres,* via *le ferry-boat Calais-Douvres. La première liaison est inaugurée en septembre 1926.

Une coûteuse infrastructure

L'ouverture d'une ligne ferroviaire nécessite des investissements énormes en matière d'infrastructures. Investissements d'autant plus lourds que les cahiers des charges dictés par l'État sont très exigeants. C'est le Conseil général des Ponts et Chaussées qui définit les règles draconiennes imposées aux compagnies. L'inclinaison des rampes, le rayon des courbes, l'établissement de la plate-forme, etc. obéissent à une réglementation stricte. L'infrastructure des premières lignes – terrains, tranchées,

Une grande activité règne autour de la gare de Caen (aussi appelée gare de l'Ouest ou gare de l'État). Inaugurée par Napoléon III en 1858, elle va permettre de poursuivre la ligne de Paris à Cherbourg.

piles des ponts, etc. – est établie pour une double voie. Le développement du procédé Bessemer (méthode d'affinage de la fonte pour la production d'acier) permet une exploitation à grande échelle de l'acier. Les rails en fer sont progressivement remplacés par les rails en acier, plus solides, plus résistants et plus lourds. Sur les lignes d'intérêt général, le rail « à double champignon », avec son accompagnement à coussinets et son attache de coin de serrage, est massivement utilisé. Sur le réseau vicinal, on sélectionne le rail de type « vignole » à patin tout en acier, solide et peu usable. Le rail est fixé à des traverses en bois posées sur un lit de cailloux appelé ballast (après la Seconde Guerre mondiale, la SNCF utilisera majoritairement des traverses en métal ou en ciment). Sur voie normale, l'écartement entre les deux rails est de 1,44 m, suivant les dimensions adoptées par l'Angleterre aux origines du chemin de fer. Sur les réseaux d'intérêt local, l'écartement métrique (1 m) est le plus répandu. Malheureusement, la quête continuelle d'économies sur les liaisons d'intérêt local finit par porter préjudice à la qualité et donc à la sécurité de ces lignes. Le rail est souvent trop léger, nuisant à la tenue de voie des trains. Ceci explique le nombre élevé de déraillements et l'obsolescence rapide des voies.

Au fur et à mesure de la progression du rail sur le territoire, les gares, les stations ou les simples haltes se multiplient dans les communes traversées. Les stations les plus importantes présentent une variété de bâtiments et d'équipements : le pavillon central qui accueille les voyageurs et dessert les quais parfois couverts par une marquise de verre et de métal, les hangars à marchandises, les lampisteries, les logements de certains membres du personnel, des sanitaires, un château d'eau, un réservoir, une passerelle ou encore un dépôt.

La lutte contre les encombrements du réseau et la recherche d'une meilleure sécurité produisent également leurs lots d'équipements, tels les premiers signaux électriques installés à partir de 1867, l'application du block-système (méthode de régulation du trafic) ou les gares de triage. À toutes ces infrastructures proprement ferroviaires, il faut aussi ajouter les nombreux passages à niveau dont la plupart ne sont pas gardés au XIXe siècle – seuls les sites les plus exposés à des accidents bénéficient de protections.

De nouvelles machines

Dans les décennies 1840 et 1850, une nouvelle génération de machines, encore plus puissantes, domine la traction des trains de voyageurs. La locomotive Crampton (1849) se reconnaît à sa forme allongée. Elle possède deux essieux porteurs sous la chaudière et une paire de roues motrices située à l'arrière. Ces locomotives sont massivement utilisées sur les réseaux du Nord et de l'Est, alors en plein développement. Pour le trafic de marchandises, la préférence des compagnies va à la locomotive autrichienne Engerth qui tire ses performances d'innovations techniques : bogies favorisant sa maniabilité et essieux couplés augmentant sa force et sa stabilité. Au cours des années suivantes, les améliorations se généralisent. Camille Polonceau, concepteur du train impérial de Napoléon III dans lequel ce dernier parcourt le pays, modernise les locomotives de type Buddicum. Mises en service par la Compagnie PO ces nouvelles machines sont les premières à utiliser des roues motrices de 2,04 m. Vers 1880, l'installation de la grille Belpaire et le développement du système compound permettent des économies notables en combustible.

Les performances du transport ferroviaire sont, bien entendu, à la hausse. Alors que la locomotive Seguin dégage une puissance de 25 ch à la fin des années 1820, la Crampton en délivre 400 en 1850. La vitesse augmente pour passer, en vitesse pure, d'une moyenne de 49 km par heure en 1850 à 63,2 km par heure en 1855. Les capacités de transport elles aussi s'accroissent : alors qu'en 1850 un train de 14 voitures peut enlever 90 t de marchandises, un train de 24 voitures tracté par une locomotive de 300 ch peut, en 1875, enlever plus de 200 t. Dans le même temps, la capacité d'accueil d'un wagon de houille passe de 6 à 10 t. Parallèlement, sous la pression de l'État, les compagnies améliorent la sécurité sur les convois ; progrès qui sont facilités par l'application de plusieurs innovations comme le système de la contre-vapeur, le frein continu et le système Westinghouse qui permet un blocage rapide

La 3145 est une 230, ou Ten wheel, appartenant à la Compagnie de l'Est qui construit elle-même ses machines dans ses ateliers d'Épernay. Elle assemble les premières 230 en 1906.

Le Réseau de l'État fait lui aussi construire ses propres Ten wheel. À partir de 1912, il fournit ainsi les « Jocondes » équipées de grandes roues de 2,04 m pour gagner en vitesse de pointe.

De configuration 231 (4-6-2 selon la classification Whyte en usage aux États-Unis), la Pacific est une Ten wheel à laquelle a été ajouté un essieu porteur arrière, souvent à cause de l'accroissement de la longueur du foyer. Pendant quelques années issues de conversions de Ten wheel, les premières Pacific construites le sont en 1901 par le constructeur américain Baldwin, sur commande d'un réseau néo-zélandais.

3863

du convoi. Sur les trains de voyageurs, le confort s'accroît, notamment grâce à l'amélioration de la suspension ainsi qu'à l'installation de l'éclairage et du chauffage dans les années 1870.

Au début du XXe siècle apparaissent les premières Atlantic, des locomotives en configuration 221 qui sont de véritables fleurons de la science thermodynamique de l'époque. Elles bénéficient de tous les derniers raffinements technologiques : cylindres haute et basse pression, foyer Belpaire, injecteurs Friedmann, etc. Avec une masse de 115 t et une vitesse de pointe de 120 à 140 km/h, les Atlantic tractent les trains rapides de la Compagnie du Nord jusqu'à ce que les Pacific les supplantent. Les premières Pacific (de type 231) sont adoptées en 1907 par la Compagnie PO. Fortes de plus de 2 000 ch, ces séries 4500 puis 3500 sont toutes désignées pour parcourir les grandes distances et/ou passer les reliefs difficiles. Le Paris-Bordeaux est ainsi effectué par les 3500 et le Paris-Toulouse (qui passe par le Massif central) par les 4500 dont les roues principales ont un diamètre plus grand pour améliorer l'effort de traction.

Par ailleurs, la configuration 231 des essieux s'impose peu à peu dans toutes les compagnies pour la traction de trains qui deviennent de plus en plus lourds en raison du remplacement des voitures en bois par des voitures métalliques plus pesantes – certes dotées de châssis en acier, les voitures en bois sont néanmoins d'une relative légèreté, les rames n'excédant pas 300 t.

Les magnifiques 231 de la Compagnie PO (Paris-Orléans) – comme celle-ci conservée au musée de Mulhouse – sont, à la veille de la Grande Guerre, des machines très performantes. Après les Ten wheel (type 230), les Pacific (type 231) vont être les reines des trains rapides.

Cette belle 231 du réseau État qui prend la pose avec un chauffeur est sortie des ateliers Schneider en 1921. Par rapport à la 231 vue en double page suivante, on note le compresseur de type Fives-Lille, à simple expansion de vapeur mais double compression d'air, monté sur toutes les machines entre 1905 et le début des années 1930.

Sous l'occupation allemande après la guerre de 1870, les Pacific 231 de la Compagnie des chemins de fer impériaux d'Alsace-Lorraine, comme cette 1308, sont construites dans le Bas-Rhin. Ces Pacific allemandes sont reconnaissables aux écrans pare-fumée à l'avant et à leur essieu porteur arrière muni de roues de grand diamètre.

Une série de catastrophes ferroviaires amplement relayées par la presse à sensation ont en effet démontré que les voitures en bois sont bien trop dangereuses, notamment parce que les éclats de bois projetés lors d'un choc s'avèrent mortels. Petit à petit, les voitures métalliques s'imposent donc d'elles-mêmes. À partir de 1919, l'Office central d'étude du matériel (OCEM) nouvellement créé uniformise le matériel roulant au sein des diverses compagnies et impose l'usage d'un bogie à deux essieux, configuration qui apporte une bonne tenue de voie et un meilleur confort aux voitures – ce bogie Y2 et ses dérivés seront remplacés seulement dans les années 1960 par le Y28.

Le passage à la voiture métallique pose cependant un problème de rentabilité aux compagnies, car assurer la traction de rames dépassant 600 t les menace d'une augmentation inconsidérée des quantités d'eau et de charbon que consommeront des locomotives bien plus puissantes. L'une des solutions va être d'exploiter au mieux la vapeur sous pression. En 1884, l'ingénieur Mallet recourt pour la première fois au procédé dit compound, terme anglo-saxon désignant une réutilisation de la vapeur. Cela consiste à faire passer la vapeur dans des cylindres haute pression (HP), puis à canaliser une partie de cette vapeur vers des cylindres basse pression (BP) où elle délivre à nouveau de l'énergie. Pour une même consommation de combustible, la puissance obtenue est ainsi supérieure à celle d'une machine classique. Mais, revers de la médaille, les locomotives compounds sont plus chères à l'achat ainsi qu'à l'entretien, et nécessitent une équipe de conduite attentive. C'est pourquoi certaines machines, y compris des 231, vont conserver une architecture avec cylindres non compounds, comme certaines 231 qu'utilise la Compagnie PLM – la 6101 prototype et des 6102 à 6171, qui deviendront plus tard les 231 E de la SNCF. Le Réseau de l'État fait le choix inverse, optant à partir de 1914 (mais la guerre va ralentir la mise en service de ces machines) pour des 231 toutes compounds – qui seront ensuite largement utilisées par la SNCF sous la dénomination 231G.

Au tournant des années 1930, la plupart de ces 231 compounds vont subir une cure de rajeunissement grâce aux travaux que l'ingénieur André Chapelon (1892-1978) mène pour le compte de la Compagnie du chemin de fer de Paris à Orléans. Après s'être livré

Moins impressionnant que les Ten wheel, Mountain et autres Pacific, voici le tramway de Cherbourg, tiré par une Weidknecht 030T.

Une Pacific 231 de la Compagnie du Midi.
À l'avant, on remarque le compresseur (ici un modèle bi-compound Westhinghouse) qui, entraîné par la vapeur, fabrique l'air nécessaire au freinage du train.

Ci-contre : dès les années 1920, les voitures américaines sont aménagées en configurations salon ou coach. Cette dernière disposition (fauteuils agencés en rangées de deux fois deux avec couloir central) ne sera pas adoptée avant longtemps en France, fidèle au compartimentage.

Construction de nouvelles voitures métalliques embouties pour le compte de la Compagnie du Nord. Le recours au métal améliore la sauvegarde des voyageurs en rigidifiant les voitures, au prix cependant d'une prise de poids qui va nécessiter de plus puissantes locomotives.

Voiture de 1re classe métallique OCEM à rivets apparents de la Compagnie PLM. Des voitures quasi identiques ont aussi été fournies au Réseau de l'État. On les verra encore circuler bien après 1945.

à une étude très approfondie de la thermodynamique et de la mécanique des fluides, Chapelon révolutionne littéralement la traction à vapeur en transformant une Pacific 231 dont la puissance, pratiquement doublée, atteint 3 600 ch, alors qu'est réalisé une économie de 30 % d'eau et de 20 % de charbon ! Chapelon va inspirer d'autres compagnies, surtout celle du Nord qui, entre 1934 et 1937, passe commande de quarante 231 Pacific *Nord* transformées.

On ne peut en effet parler des Pacific sans évoquer la Pacific *Nord* (d'abord nommée 3-1200 Nord, puis 231 C par la SNCF), alias la « Superpacific » qui devient la Pacific la plus connue en France en remorquant, durant l'entre-deux-guerres, les trains rapides *Nord*. Avec leur belle livrée chocolat rehaussée de filets or, ces machines auront été proposées de 1911 à 1923 en trois séries, la dernière d'entre elles dépassant les 2 400 ch et assurant des vitesses moyennes de 120 km/h.

Pour la Compagnie PO, André Chapelon va également travailler sur d'autres machines que les 231 (futures 231 F et H de la SNCF), telles les 240 de la série 4700 (240 A de la SNCF) et de moins prestigieuses 140 et 141. Juste au lendemain de la Seconde Guerre mondiale, il démontre aussi avec éclat que la vapeur a encore de beaux restes en développant, à partir d'une 241, la 242 A1, la plus puissante des locomotives à vapeur jamais produite en France. D'un poids de 226 t avec son tender, la 242 développe en effet 4 000 ch et peut emmener un train de 800 t à 150 km/h. Hélas, hormis Chapelon, plus personne ne croit à la vapeur : la SNCF, engagée dans l'électrification de ses lignes, préférera abandonner l'homme et sa machine, Chapelon partant à la retraite en 1953.

Des hommes avant tout

Le développement du chemin de fer français contribue à la formation de nouvelles communautés humaines dont l'identité sociale et la solidarité sont fortement enracinées. Ce monde est popularisé auprès de l'opinion par des stéréotypes comme celui du cheminot au visage marqué par l'effort et la poussière de charbon, tout droit sorti de *La Bête humaine* d'Émile Zola. À l'origine, le terme *cheminot* est un sobriquet donné aux ouvriers itinérants, terrassiers et manœuvres, qui participent à la construction des voies. Il finit par rentrer dans le langage commun au début du XXe siècle. Derrière cette unique désignation, les métiers du rail recouvrent en réalité trois grands groupes professionnels.

Le premier est le service Traction. Il concerne le personnel attaché à la conduite des convois et les hommes travaillant dans les dépôts. Le mécanicien est responsable de la conduite de la locomotive et, plus globalement, du train. Il est secondé par un chauffeur, affecté à l'alimentation du foyer en bois ou en charbon ainsi qu'à la manœuvre des freins. Le dépôt abrite une petite communauté d'ouvriers chargés de la réparation et de l'entretien du matériel. Ajusteurs, chaudronniers, ouvriers spécialisés cohabitent avec les « hommes de la cour », manœuvres chargés des travaux de manutention, de l'entretien des machines. Ils sont placés sous l'autorité de surveillants de dépôt qui sont également responsables à l'affectation des locomotives en fonction des disponibilités.

Le second groupe est le service Exploitation qui rassemble les agents des trains et ceux en poste dans les gares. Le chef du train dirige

Le binôme chauffeur-mécanicien a longtemps été le maître absolu à bord de la locomotive. Ces hommes sont de fait titulaires de leur machine : ils doivent la connaître et l'entretenir eux-mêmes.

Les chauffeurs et les mécaniciens ont très longtemps enduré les intempéries, la suie et la chaleur. Mais, comme tous les métiers difficiles, ceux du rail étaient faits de passion.

En 1914,des flots de réfugiés arrivent dans toutes les gares parisiennes, comme ici à la gare de Lyon.

l'ensemble du personnel affecté à la bonne marche du convoi – y compris le mécanicien et le chauffeur – notamment les serre-freins chargés de la sécurité des passagers et des opérations de freinage. Dans la station s'affaire, sous l'autorité du chef de gare, tout le personnel du service Voyageurs et du service Marchandises : facteurs pour les bagages et colis, receveurs pour les billets, manutentionnaires pour le transbordement des bagages et le triage des voitures, lampistes et aiguilleurs pour le trafic des trains.

Le dernier groupe est constitué des agents du service Voies et bâtiments qui, répartis en brigades, entretiennent et réparent les voies – les ballasts et les rails – les fossés, les clôtures, les bâtiments et les signaux.

Sociologiquement, les cheminots sont, au XIXe siècle, issus des campagnes – ils procèdent de l'exode rural qui va de pair avec la révolution industrielle du XIXe siècle.

Le train joue un rôle primordial pendant la Grande Guerre.
Des réseaux étroits sont créés pour amener des munitions au plus près du front.
Cette machine allemande a visiblement été détruite lors d'un bombardement.

Cette main-d'œuvre sans véritable qualification se trouve majoritairement affectée aux services Exploitation et Voies et bâtiments. Avec le temps et la spécialisation croissante des tâches, on assiste à une élévation des qualifications et à l'apparition d'une véritable classe ouvrière. Le développement d'écoles d'apprentissage et le savoir-faire acquis dans la profession accentuent l'identité, et donc la cohésion de cette communauté, notamment dans le service Traction. Dans ce dernier groupe, le plus identitaire et le plus symbolique des métiers du rail, on peut remarquer de véritables lignées héréditaires, les mécaniciens transmettant leur métier et leur savoir-faire à leurs enfants. Dans un tel contexte, il n'est pas étonnant que le syndicalisme puise là ses forces vives. Les premières organisations professionnelles des chemins de fer apparaissent à la fin du XIXe siècle, notamment le Syndicat national des travailleurs du chemin de fer né en 1894. Elles démontrent leur influence parmi le personnel lors de la première grande grève qui, en octobre 1910, paralyse une large partie du réseau.

45' ANNÉE — N° 2310 HEBDOMADAIRE : 20 CENTIMES DIMANCHE 3 JUILLET 1921

Le Pèlerin

REVUE ILLUSTRÉE DE LA SEMAINE

Abonnement Annuel : FRANCE... 10 fr. ÉTRANGER... 12 fr.

Abonnement annuel combiné : Croix et Pèlerin........ 48 fr.

RÉDACTION ET ADMINISTRATION — 5, RUE BAYARD — PARIS - VIIIe.

Des criminels déboulonnent les rails d'une voie de chemin de fer pour faire dérailler un train. (Dessin de Lecoultre.)

En couverture de ce numéro de 1921, le magazine Le Pèlerin *évoque le sabotage d'une voie ferrée. Ces actes d'ouvriers mécontents ont toutefois été très rares.*

L'apogée du train français

En 1914, le rail français atteint des sommets sans précédents avec 39 400 km de voies qui relient Paris aux grandes agglomérations, elles-mêmes raccordées aux villes de moyenne importance et aux communes les plus modestes par le biais de réseaux que caractérise leur confusion. Le maillage ferroviaire du pays est alors à son apogée et ne va par la suite progresser qu'à la marge.

La première raison de cet essoufflement est l'aboutissement du plan Freycinet qui met un terme aux grands investissements de l'État. La deuxième réside dans l'émergence de moyens de transport concurrents, l'automobile au premier chef. La troisième, enfin, est la survenue de la Première Guerre mondiale qui stoppe brutalement les chantiers de lignes secondaires et vicinales. Durant le conflit, le train joue cependant un éminent rôle stratégique, notamment pour le transport de troupes, de matériels ou de pièces et de matières premières pour l'industrie militaire.

Troupes territoriales sur le quai de la gare de Dunkerque en 1914.
Le train va jouer un rôle majeur pendant toute la Grande Guerre en acheminant troupes, munitions et armements. Sur la gauche, les voitures en bois à portières sont visiblement réservées à des civils. À l'arrière plan, les fameux wagons couverts portant l'inscription « Hommes : 40, chevaux : 8 ».
Cette inscription a été rendue obligatoire à partir de 1874 sur tous les wagons de marchandises, en prévision d'une réquisition.

La paix revenue, les travaux reprennent lentement. Faute de crédits significatifs, la priorité est donnée à la reconstruction des infrastructures endommagées ou détruites. Les ouvertures de nouvelles lignes sont très rares. Sur le réseau normal, des tronçons et raccordements sont mis en service dans l'Ouest, le Sud-Est, le Midi, le Massif central et en Alsace redevenue française. Trois grandes liaisons internationales sont également inaugurées (deux vers l'Espagne à travers les Pyrénées et une troisième, transalpine, vers l'Italie). Le réseau secondaire s'enrichit de quelques lignes dans les départements du Jura, de l'Yonne, de Vendée, de la Loire ou encore du Doubs.

L'expansion de l'industrie automobile, combinée à la récupération des surplus de matériel roulant militaire (dont les importants stocks de camions que l'armée américaine a amenés sur le continent), concurrence fortement le transport ferroviaire. Les grosses compagnies connaissent de graves difficultés. La compagnie PLM, secouée par des grands mouvements sociaux en 1920, ne retrouve ainsi son niveau d'activité de 1914 qu'en 1928. Pour soutenir le secteur ferroviaire, l'État met en place en 1921 des conventions de solidarité dont le but est d'instituer des « fonds communs de placement » destinés à compenser les déficits de certaines compagnies avec

L'un des chefs-d'œuvre du rail français : la Pacific Nord *3.1192 telle qu'elle est conservée à la cité du Train de Mulhouse. Il s'agit d'une Pacific revue et corrigée par l'ingénieur André Chapelon. Seul contre tous, il réussit au milieu des années 1930 à presque doubler la puissance d'une 231, tout en réduisant la consommation d'eau et de charbon. La vapeur était promise à un bel avenir...*

l'aide des bénéfices engrangés par d'autres beaucoup plus prospères, notamment les réseaux du Nord, de l'Est et du PLM.
Par ailleurs, cette concurrence de la route, et celle plus tardive de l'avion, amènent les compagnies ferroviaires et l'État à faire fabriquer de nouveaux matériels. C'est ainsi que se développent les autorails, ces trains légers à deux ou trois voitures tractés par l'une d'elles, automotrice. Économiques et maniables, ils peuvent atteindre sur longue distance des moyennes de 120 km/h. Ces machines fonctionnent grâce à un système dit diesel-électrique : les roues sont animées par des moteurs électriques qu'alimente une dynamo génératrice, elle-même entraînée par un moteur diesel. Très utilisé à la même époque aux États-Unis, le procédé a été mis au point en France par Jean-Jacques Heilmann en 1893, avant qu'il ne cède son entreprise à l'Américain Westinghouse. Les autorails sont essentiellement affectés aux lignes secondaires. Pour augmenter la vitesse, certains d'entre eux sont munis de pneu-rails inventés par le fabricant de pneumatiques Michelin, d'où leur célèbre surnom « michelines », par la suite étendu à l'ensemble des autorails.

Les glorieuses années 1920

C'est au début des années 1920 que le matériel roulant à vapeur est le plus prolifique. Les Pacific (type 231) tiennent le haut du pavé, mais ne sont cependant pas les seules à faire la fierté de leurs équipes. La Compagnie PLM aligne dès 1925 de belles 241 Mountain dont le nez aérodynamique leur vaut le sobriquet de « cigares », la Compagnie de l'Est restant pour sa part fidèle à ses 230 K compactes mais puissantes.

Restée un prototype, la Pacific 1402 du Réseau Alsace-Lorraine-État (AL) sera intégrée à la SNCF sous la désignation 231 D.

Une publicité pour le train Dieppe-Newhaven. Rasée en 1994 la gare maritime de Dieppe était établie directement le long du quai, ce qui permettait aux passagers en provenance de Paris ou de Rouen, d'embarquer directement sur le paquebot (puis le ferry, lorsque celui-ci existera).

Sur les rails français apparaissent aussi les 140 G Pershing, de robustes mais peu rapides machines américaines adoptées à la fin de la Première Guerre mondiale (elles constitueront le parc le plus important de la SNCF avec 1 912 unités). Les 141 C s'affirment dès 1925 comme les plus polyvalentes, tandis que pour la traction des lourds trains de marchandises, la Compagnie PLM met en service, au début des années 1930, les imposantes 151 A de type Santa-Fe, avec leurs cinq essieux moteurs, une disposition peu usitée en France. Cependant, on trouve aussi cinq essieux sur les 150 type Decapod, mises en service à la veille de la Grande Guerre par la Compagnie du Nord pour la traction de trains de charbon. Elles connaissent ensuite maintes évolutions, donnant naissance aux 150 B et P qui peuvent remorquer des trains de 2 500 t. Et puis il y a la grande famille des locomotives-tenders, des « tout-en-un » qui intègrent une réserve de charbon à l'arrière de la cabine, comme les 141 TC et TD largement utilisées pour le trafic banlieusard, les 141 TA « culs de bateaux » de la Compagnie PO qui œuvrent dans le Sud-Ouest, et les 151 TA et TC, très utilisées par la Compagnie de l'Est pour la traction des trains de houille et de minerais. Une très grosse partie de ce parc roulant appartenant à diverses compagnies va être réutilisée par la SNCF.

Une locomotive, comment ça marche?

Une locomotive à vapeur fonctionne avec une chaudière, c'est-à-dire un système engendrant de la chaleur. Celle-ci provient d'un foyer où brûle en général du charbon, parfois du fuel. La chaudière, qui surplombe le foyer, est parcourue par un ensemble tubulaire où l'eau, portée à haute température, se transforme en vapeur. Cette vapeur sert à actionner un moteur, en l'occurrence des pistons qui vont et viennent dans des cylindres.
Il faut au moins deux de ces cylindres (un de chaque côté du châssis) qui entraînent à leur tour un embiellage mettant en mouvement les roues motrices.
Tout à l'avant, au niveau de l'échappement, se trouve la boîte à fumée qui récupère les gaz de combustion et les chasse par la cheminée. En plus des roues motrices, le châssis comporte des roues porteuses et/ou directrices, ainsi qu'une suspension.

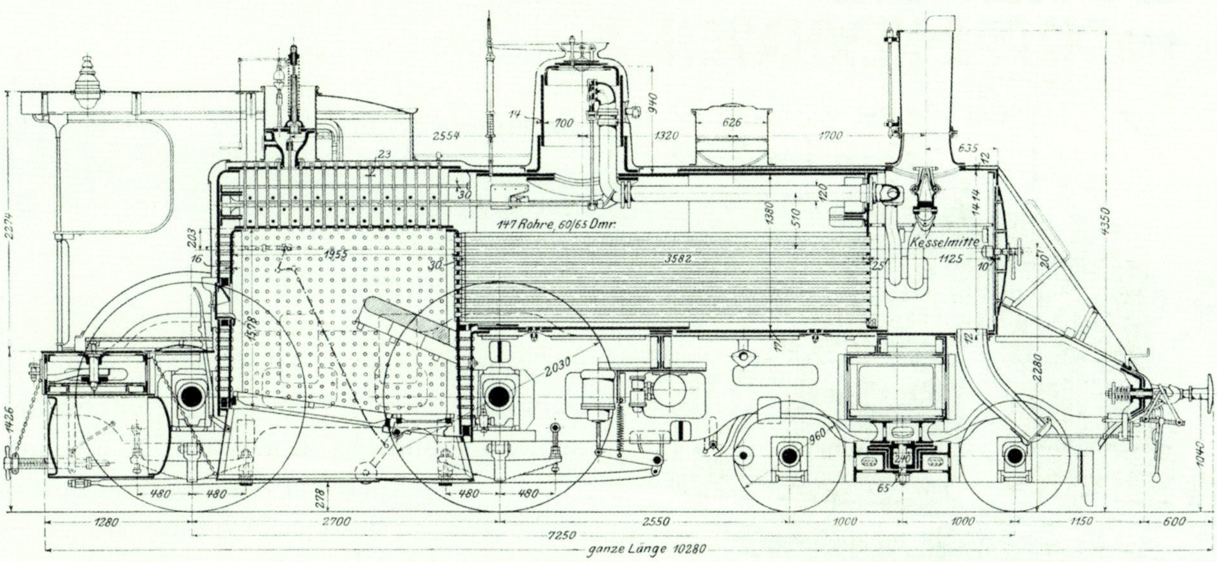

Outre la puissance, une locomotive à vapeur se caractérise par son effort de traction, c'est-à-dire sa capacité à remorquer des charges lourdes en fonction du profil de la voie, et par son aptitude à la vitesse, cette dernière dépendant de la stabilité de la locomotive et de la taille de ses roues motrices. En effet, contrairement à un moteur à combustion interne de type automobile, un moteur à vapeur n'accroît pas sa puissance en fonction du régime, car la chaudière, une fois mise en chauffe, fournit une quantité d'énergie constante. Pour aller plus vite, on ne peut donc jouer que sur le diamètre des roues.

1396
1396

Magnifique image d'une 231 américaine (4-6-2 dans la codification US). Cette machine numéro 1396 de la compagnie Crescent qui présente une belle livrée verte rehaussée d'un toit marron, a reçu une boîte à fumée, un gril de foyer et des cylindres en aluminium. Aux États-Unis, durant l'entre-deux-guerres, les locomotives arborent des coloris très variés selon les compagnies, souvent avec des mariages bicolores allant du bleu au gris en passant par le vert pomme et l'orange !

Toujours écartée au profit de la vapeur au début du XXe siècle, la traction électrique ne s'avoue pas pour autant vaincue. Cette motrice de la Chicago, Milwaukee & Saint Paul conçue pour traverser les Rocheuses sous courant de 3 000 volts assure un excellent service dès 1920.

En Savoie, la Compagnie PLM met en service un grand nombre de machines électriques, mieux armées pour affronter le relief. La 161 DE 1 est la première bi-caisse (en fait, deux motrices accouplées) à parcourir les lignes de la Maurienne en 1927. Elles seront intégrées à la SNCF sous la désignation 1CC1 3800.

Les 262 AE (futures 2CC2 3400 de la SNCF) ont formé l'ossature des machines de traction lourde de la Compagnie PLM sur les liaisons Culoz-Chambéry et Chambéry-Modane. Énormes mais très puissantes, elles ne seront radiées qu'en 1974, soit quarante-cinq ans après leur entrée en service !

Il est dit qu'Ettore Bugatti a créé son autorail pour écouler le stock de moteurs 8-cylindres en ligne prévus pour sa fameuse Royale, produite à 6 exemplaires seulement. Quoi qu'il en soit, le Bugatti propulsé par quatre moteurs inaugure l'ère des grandes vitesses en France en réalisant 172 km/h aux essais, et des moyennes commerciales de 120 km/h environ.

La Compagnie du Nord passe elle aussi à la vitesse supérieure avec son Train automoteur rapide (TAR) mis en service en 1934 entre Paris et Lille. Grâce à sa motorisation diesel, le TAR est plus économique que le Bugatti.

La SNCF

La concurrence de l'automobile et de l'avion aboutit à l'inévitable crise ferroviaire de 1930 qui voit une très sévère chute du trafic et des recettes. Paradoxalement, la situation s'aggrave du fait même des termes de la convention de 1921 qui prévoyait en effet de couvrir automatiquement les pertes des compagnies par des hausses du prix des billets. En 1933, le trou est tel qu'il aurait ainsi autorisé une augmentation de 30 % des tarifs ! Pour enrayer cette spirale infernale, l'État amende la convention de 1921 en allégeant les obligations imposées aux compagnies, et tente surtout de limiter l'essor trop agressif du transport routier.

Conséquence de la crise, la Compagnie du Midi est absorbée par la Compagnie du chemin de fer de Paris à Orléans en 1934. En 1937, le gouvernement du Front populaire entame des négociations avec les compagnies dont il propose la déchéance au profit de l'État. Le projet s'attire tout d'abord les foudres des dirigeants des grandes compagnies puis, l'augmentation continue des déficits aidant, le patronat accepte progressivement l'idée d'une nationalisation des chemins de fer français, d'autant que, s'ajoutant à la concurrence de la route et de l'air, les réglementations draconiennes de l'administration pèsent de tout leur poids sur le secteur. Le décret-loi du 31 août 1937 approuve la convention de création de la nouvelle Société nationale des chemins de fer, ainsi que la nationalisation des réseaux ferrés. Celle-ci est effective au 1er janvier 1938.

La SNCF, qui naît avec un statut de société d'économie mixte au capital de 1,419 milliards de francs, récupère les concessions et les actifs des compagnies privées. Son premier président est Pierre Guinand, ancien

Le réseau de la Compagnie PLM donne à la SNCF l'accès aux montagnes des Alpes et communique sur les sport d'hiver, ceux-ci restant cependant l'apanage d'une élite.

premier président à la Cour des comptes. La création de la Société nationale des chemins de fer contente finalement tout le monde : l'État contrôle directement l'ensemble du réseau français et le patronat, assuré de conserver 49 % des actions, se débarrasse de compagnies plombées par des pertes énormes.

La nouvelle société nationale s'organise en créant cinq régions qui correspondent peu ou prou aux sphères d'influence des anciennes compagnies : Est (Compagnie de l'Est et Réseau Alsace-Lorraine), Nord (Compagnie du Nord), Ouest (Réseau Ouest-État), Sud-Ouest (Compagnie Paris-Orléans-Midi), Sud-Est (Compagnie Paris-Lyon-Méditerranée). La grande priorité est d'enrayer la progression des déficits. À cette fin, la SNCF entreprend une vaste politique de fermeture de lignes et de contraction du trafic sur l'ensemble du réseau national. Les premières lignes concernées sont les tronçons secondaires et les moins rentables. À la veille de la Seconde Guerre mondiale, le réseau français ne compte plus que 12 000 km.

De la mobilisation à la Libération

Lors de la mobilisation générale de 1939, la SNCF, à peine née, se voit contrainte de porter tous ses moyens vers l'effort de guerre. L'ensemble des trains rapides de voyageurs sont supprimés et une grosse partie des autorails réquisitionnés pour être transformés en trains sanitaires, tandis que les voitures sont requises pour le transport des soldats et du matériel militaire.

Lorsque le pays capitule, les autorités allemandes ne suppriment pas la SNCF mais supervisent certains déplacements comme les *Schnellzug für Fronturlauber* (SF), trains de ses permissionnaires vers la frontière allemande. En outre, suivant les besoins du *Reich*, la compagnie est tenue de répondre aux demandes de la Direction des transports de l'armée allemande – *Wehrmachtverkehrsdirektion*, ou

VWD. Il existe une VWD installée en France et une autre à Bruxelles, cette dernière contrôlant les réseaux belge et luxembourgeois, ainsi que celui du Nord et du Pas-De-Calais. Le réseau d'Alsace-Lorraine, pour sa part, est directement rattaché à la *Reichsbahn* allemande dès juillet 1940. L'entretien des voies, du matériel et des infrastructures restent à la charge de la France, de même que la conduite des machines. Néanmoins, plusieurs milliers de cheminots allemands sont chargés d'assurer une forme de surveillance de l'exploitation du réseau. Avant novembre 1942, la France non occupée ne connaît pas les mêmes astreintes, tout en subissant cependant les contrecoups de la réduction des transports dans les régions occupées où, de surcroît, plusieurs trains directs, comme le Paris-Cherboug, sont entièrement réservés aux soldats allemands.

Le petit train fait rêver les enfants (et parfois aussi les moins jeunes). Existant depuis 1920, la marque JEP (Jouet de Paris) propose des trains mécaniques ou les premiers trains électriques à l'échelle O (correspondant à peu près à l'actuel 1/43e).

Pendant les années 1930, le train reste synonyme de vitesse et de confort. Même les pâtes Lustucru roulent sur des œufs!

La concurrence de l'automobile commence à se faire sentir durant l'entre-deux-guerres. Certes, la voiture n'est pas encore un bien de consommation courant mais la production en grande série des Citroën, Peugeot et autres Renault contribue déjà à en abaisser nettement le prix.

Bonnes à tout faire, les 141 C ont été construites pour la Compagnie PLM et le Réseau de l'État. Robustes et fiables, elles entrent en service juste après la Première Guerre mondiale. En 1938, la SNCF hérite d'un parc conséquent. Cette n°100 a été depuis préservée et classée Monument historique.

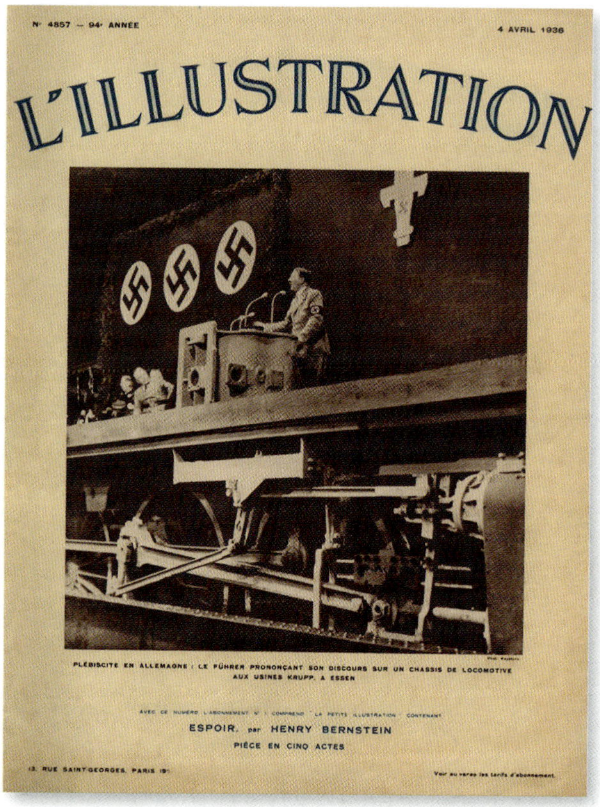

N° 4857 — 94e ANNÉE

4 AVRIL 1936

L'ILLUSTRATION

PLÉBISCITE EN ALLEMAGNE : LE FÜHRER PRONONÇANT SON DISCOURS SUR UN CHASSIS DE LOCOMOTIVE AUX USINES KRUPP, A ESSEN

AVEC CE NUMÉRO L'ABONNEMENT N° 1 COMPREND "LA PETITE ILLUSTRATION" CONTENANT

ESPOIR, par HENRY BERNSTEIN

PIÈCE EN CINQ ACTES

13, RUE SAINT-GEORGES, PARIS (9e)

Voir au verso les tarifs d'abonnement.

La SNCF assurera aussi à ses frais le transport entre l'Allemagne et l'Italie de plusieurs dizaines de millions de tonnes de minerais faisant défaut à l'industrie de guerre allemande. On sait également que la société nationale a été mise à contribution pour faciliter la déportation des 76 000 juifs français vers les camps de concentration. Cet épisode douloureux suscite aujourd'hui encore bien des débats. Le personnel de la SNCF souffre beaucoup du conflit. On ne compte plus les cheminots et les hommes de voirie tués lors des bombardements et des attaques systématiques pratiquées par les Alliés contre les trains de ravitaillement allemands. Car les transports de troupes, de blindés ou de munitions sont bel et bien servis par des chauffeurs et des mécaniciens français.

Adolph Hitler, juché sur le châssis d'une locomotive lors d'un discours aux ateliers Krupp, en 1936.

Après la drôle de guerre de l'hiver 1939-1940, les Allemands passent à l'offensive le 10 mai et bousculent les défenses françaises. Malgré la bonne volonté de nos concitoyens de l'époque, prêts à souscrire aux bons d'armement, l'armée nationale, mal commandée, va rapidement refluer.

Ceci explique le rôle éminent tenu par le réseau Résistance-Fer (crée en 1943, entre autres par Louis Armand, futur directeur général de la SNCF à partir de 1949) dans la libération du pays. Certains cheminots n'hésitent pas à saboter leur machine pour retarder les départs, tandis que des agents d'exploitation modifient des itinéraires en vue de ralentir les convois, bon nombre finissant par payer leur engagement de leur vie. C'est avec justesse que René Clément a rendu hommage à ces hommes dans son formidable film, *La Bataille du Rail*, sorti sur les écrans dès 1946.

La 160 A1 de l'ingénieur André Chapelon restera à l'état de prototype. Unique en son genre, cette machine dite « centipède » (insecte myriapode), est équipée de six cylindres. Elle ne pourra faire qu'un bref essai en juin 1940, juste avant la débâcle. À l'issue du conflit, malgré ses bonnes performances, la 160 A1 sera vite découpée au chalumeau : la SNCF aura décidé que la vapeur a vécu, même si des panaches de fumée s'élèveront quelques années encore au-dessus des voies du pays.

La 231 G n°558 est la seule Pacific de sa classe à avoir été préservée par le Pacific Vapeur Club. Ce type de machines a assuré pendant des années la traction d'express rapides à travers la France. Modifiée dans la seconde moitié des années 1930, cette Pacific construite en 1922 n'aura été retirée du service que quarante-six années plus tard!

chapitre 2

À toute vapeur !

Pendant la Seconde Guerre mondiale, le réseau de chemin de fer français est sans aucun doute le système de transport qui a subi le plus de destructions. Son rôle stratégique l'a en effet promu cible numéro un des offensives aériennes alliées. Pourtant, en quelques années seulement, la SNCF va réussir l'exploit de reconstituer ses forces, de moderniser ses machines, son réseau, ses gares, et surtout de développer la traction électrique. En 1949, les premières CC 7100 font leurs premiers tours de roues. Elles battront six ans plus tard le record de vitesse sur rail. La vapeur, qui constitue encore la très grosse majorité des machines de traction, n'est certes pas morte, mais l'électrification, testée dès 1952 avec succès sur la ligne Paris-Lyon, s'étend inexorablement.

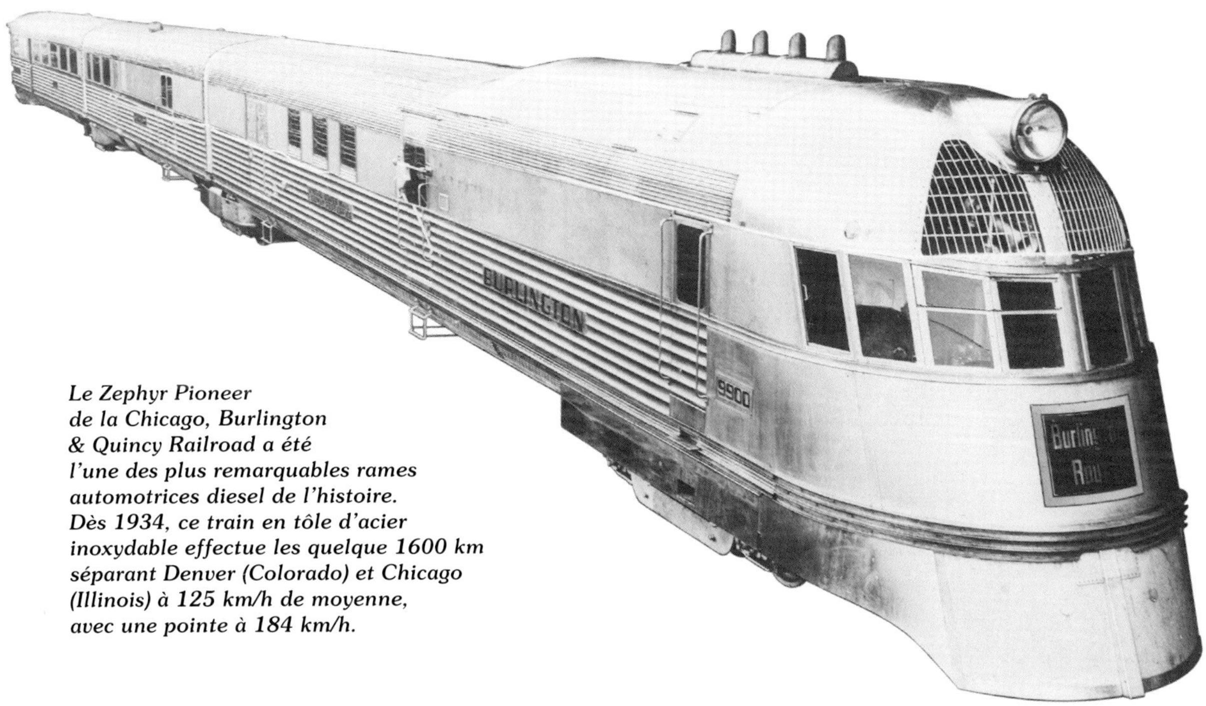

Le Zephyr Pioneer de la Chicago, Burlington & Quincy Railroad a été l'une des plus remarquables rames automotrices diesel de l'histoire. Dès 1934, ce train en tôle d'acier inoxydable effectue les quelque 1600 km séparant Denver (Colorado) et Chicago (Illinois) à 125 km/h de moyenne, avec une pointe à 184 km/h.

Dès le début de l'année 1944, dans un quadrilatère compris entre la Seine et la Loire, pratiquement aucune gare n'a été épargnée par les bombardements. Celle de Saint-Sever-Calvados, pourtant de peu de valeur stratégique, a elle aussi été détruite.

Si l'on dressait une carte des destructions subies par le réseau de la SNCF à la fin de l'année 1944, on noterait immédiatement leur densité, aucune région n'ayant été épargnée. Afin de couper l'approvisionnement des troupes allemandes occupant le territoire, les Alliés ont en effet méthodiquement attaqué chaque pont, chaque gare de triage et chaque train circulant en France. Particulièrement importantes en Normandie et dans le Pas-de-Calais, avant et pendant les opérations de débarquement de juin 1944, les destructions frappent aussi très durement l'Est et toute la vallée du Rhône. C'est que les bombardements aériens ne sont pas les seuls à avoir mis à mal le réseau : les Allemands, en plein repli, ont parfois saboté des machines et détruit des usines, tandis que la bataille du rail menée par la Résistance a fait le reste.

Sur les 40 000 km de voies que comptait le réseau en 1938, à peine 18 000 demeurent en service effectif, alors que la multitude de tronçons intégralement détruits totalise

Une locomotive type 140 dans la gare de Canisy, non loin de Saint-Lô, massivement bombardé durant l'été 1944. La chaudière a explosé et, complètement éventrée, laisse entrevoir les tubes.

Ci-dessus : le Réseau de l'État avait détenu un grand nombre de locomotives de type 230, dont la n° 189 qui appartenait à une série de 170 machines construites à partir de 1911. On la voit ici après le bombardement de la gare d'Alençon.

Ci-dessous : l'armée américaine débarque en 1944 avec ses GI, ses GMC, ses Jeep et ses chars Sherman, mais aussi ses propres trains ! Ce navire de débarquement (LST) a accosté à proximité de la gare de Cherbourg pour décharger sa cargaison de wagons-plateaux, directement en bout du tronçon de voie ferrée aménagé par les sapeurs américains.

4 900 km. À cela s'ajoutent 14 800 aiguilles, presque 1 000 km de caténaires et 670 postes de signalisation qui ont disparu, ainsi qu'à peu près 2 600 ponts qui ont été coupés. Sur les 300 gares principales que compte le pays, 115 sont détruites, de même que 24 grands centres de triage, 74 dépôts de locomotives et 19 ateliers. Enfin, on compte 70 tunnels inutilisables. Certaines contrées se retrouvent complètement isolées.

Le matériel roulant n'est guère mieux, puisque les deux tiers des wagons et la moitié des voitures de voyageurs sont réduits à l'état d'épaves, tout comme plus de 80 % du parc des locomotives : s'il en subsiste environ 10 500 de tous types (à vapeur, électriques, autorails et quelques rares diesels) sur un total d'environ 17 000 machines, elles sont à peine 3 000 à être véritablement en état de marche.

Parer au plus pressé

Pourtant, seul le train permet d'acheminer vite et en quantité suffisante des vivres pour une population qui est affamée, du matériel ou des engins pour déblayer et reconstruire, du charbon pour alimenter les usines. Sans compter les 1 200 000 prisonniers de guerre et les 200 000 déportés survivants qu'il faut rapatrier des camps d'Allemagne et de Pologne. Il apparaît donc impératif de très vite réparer les voies et

En haut : en gare de Lison, une 230 française réquisitionnée par le Transportation Corps américain et baptisée Broadway Limited.

Ci-dessus : près du Mans, en août 1944, les hommes du génie américain posent un pont Bailey au-dessus de la Sarthe en vue de rétablir les liaisons Paris-Brest et Paris-Nantes.

Page de gauche : un navire équipé d'une grue spéciale décharge une locomotive américaine de type 140 R d'un autre cargo visible à couple au second plan. Ces machines de 67 t dites Consolidation *ou 140 U (pour USA) appartiennent au Transportation Corps de l'armée américaine et sont destinées au ravitaillement des troupes tout en assurant, de temps à autre, des trajets civils.*

de monter des ponts provisoires afin que le trafic puisse reprendre, même à allure lente. Dans un premier temps, ce sont les forces américaines qui s'attellent à la tâche, puisque l'intendance doit impérativement suivre les troupes. Après que le verrou de Cherbourg a fini par sauter, à la fin de juillet 1944, les divisions blindées et d'infanterie de l'Oncle Sam se ruent en effet vers la Bretagne tout en effectuant une large boucle en direction de

Entretien et pose de nouvelles voies ferrées en France juste après la fin de la Seconde Guerre mondiale. À gauche, cet ouvrier du mouvement à l'aide d'un appareil à griffes, le dansomètre. Au centre, ces deux hommes sont chargés du nivellement des rails encore une abondante main d'œuvre.

l'est pour former la fameuse poche de Falaise. Parallèlement aux norias de camions, le chemin de fer est aussi mis à contribution pour assurer le ravitaillement, crucial, des troupes. Car l'armée américaine a débarqué avec de nombreux wagons et des dizaines de locomotives à vapeur et diesel que manœuvrent ses bataillons de cheminots, tandis que les hommes du Railway Transportation Corps commencent la remise en état des voies – le service passagers entre Cherbourg et Carentan est rétabli dès le 11 juillet 1944.

Mais, bien que des ponts provisoires aient été jetés çà et là pour remplacer les ouvrages d'art détruits, il faudra attendre pour que le réseau ferré récupère son utilité antérieure. En septembre 1944, par exemple, lorsque la ligne Paris-Nancy est réouverte, les voyageurs ne partent pas de la gare de l'Est – presque tous les ponts sur la Marne sont encore coupés – mais de celle de Reuilly (de nos jours désaffectée) dans le XIIe arrondissement de Paris. Et encore les passagers prenant place à bord de ce train (en fait un autorail) doivent-ils y être dûment habilités par un document officiel... et prêts à patienter six heures et quarante minutes pour parcourir, à allure réduite, les 350 km qui séparent Paris de la capitale lorraine. Et que dire des vingt-trois heures que met l'Express 51 pour relier Paris à Marseille ! En région parisienne, l'activité ferroviaire reprend avec une douzaine d'allers et retours entre Paris et Saint-Germain-en-Laye ou Versailles-Rive-Droite. Certaines lignes, en revanche, sont limitées à des tronçons de quelques kilomètres par les destructions qui les parsèment. Au printemps 1945, une nuit entière est toujours nécessaire pour rejoindre Strasbourg depuis Paris, après avoir pris le train de 21 h 30 qui, au petit matin,

vérifie à l'aide d'une canne à boule le bon état des traverses qui ne doivent pas « danser ». Si tel est le cas, on vérifie l'amplitude À droite, on assiste à la pose de nouveaux éléments de voie au moyen du procédé Collet, un système mécanique qui nécessite

débarque les voyageurs à Lunéville où il faut encore prendre une correspondance jusqu'à Strasbourg. Ce train « de nuit » qui, bien entendu, n'offre pas de voitures-couchettes, comporte tout de même un wagon-restaurant, très apprécié en ces temps où la pénurie alimentaire n'en finit pas.

Cependant, dès novembre 1946, 95 % des ponts et viaducs sont réparés, malgré les graves dommages que certains avaient subis, comme le viaduc de Maintenon, sur la Voise, complètement soufflé sur une longueur de 300 m suite à une action de la Résistance. Cette rapidité de la remise en état de la structure SNCF est d'autant plus remarquable que la société nationale d'économie mixte était encore très jeune, âgée d'une année et demi seulement, lorsque la guerre avait éclaté.

Modernisations

Partant du principe qu'il est plus simple de repartir de zéro que de réparer, on en profite pour moderniser les gares et refaire à neuf les centres de triages, grâce à la généralisation du béton armé qui permet, outre la construction de nouveaux ponts, celle de superbes rotondes abritant les locomotives. Les nouvelles voies qui équipent certaines lignes sont renforcées afin de permettre la circulation des trains de marchandises de 20 t par essieu. C'est le cas sur les grandes artères du Nord et de l'Est, de la liaison Paris-Saint-Nazaire *via* Le Mans et Angers, de Paris-Castelnaudary *via* Orléans, Vierzon, Limoges, Brive et Toulouse, ainsi que, dans le Sud, de la ligne Paris-Avignon *via*

En haut, un moderne poste Saxby de l'après-guerre avec ses leviers et son tableau schématique des voies.
En dessous, le nec plus ultra des systèmes de surveillance et de contrôle des voies ferrées avant le passage au tout électronique, quelques décennies plus tard. Il s'agit d'un poste relais à boutons d'itinéraires, ceux-ci étant directement implantés sur le tableau schématique des voies.

Lyon ou encore Marseille-Vintimille. La mise en service de machines adaptées – wagons-grues, engins de criblage du ballast, de levage de voies – permet de poser des rails plus facilement. Cinquante à soixante hommes suffisent pour poser jusqu'à 600 m de voies en une seule journée.

Dans les grandes gares, les postes d'aiguillage, jusque-là mécaniques, sont rasés au profit de postes à commandes électriques. Ailleurs, les postes mécaniques Saxby – du nom de leur inventeur, aussi appelés postes mécaniques unifiés (MU 45) – qui permettent de commander les aiguilles et les signaux sont améliorés (on en compte d'ailleurs un certain nombre encore actifs en 2011). Mais leur système de commande entièrement mécanique est de plus en plus remplacé par un système électromécanique (EMU ou « électromécanique unifié »). Désormais, la commande de l'aiguille ou du signal est électrique.

Dès le début des années 1950 des systèmes tout-électriques, à leviers ou à boutons d'itinéraires, sont mis en service. Ces équipements comprennent un grand tableau schématique qui reproduit le réseau des voies, et sur lequel les boutons à enclencher sont parfois directement placés. Un seul homme, le régulateur, peut désormais s'assurer du bon fonctionnement du trafic. Ce Saint-Bernard du rail contrôle tout ce qui se passe dans le secteur qui lui est attribué. Par téléphone, il fait accélérer les trains en retard, avertit les gares, alerte les dépôts pour envoyer une machine de secours, détourne les trains si un incident de voie survient, etc.

Au lendemain de la Seconde Guerre mondiale, ce système très perfectionné et unique au monde est incontestablement un grand atout de la SNCF. Le principe de la commande centralisée prend forme dès 1949 dans le secteur Blaisy-Dijon de la prestigieuse ligne à double voie Paris-Lyon qui, à l'époque, est quotidiennement parcourue par quatre-vingts trains, voire cent quinze dans les jours les plus chargés. Plus qu'une simple modernisation,

Œuvre du béton armé, voici la nouvelle rotonde abritant les locomotives du dépôt de Mantes

la politique de la SNCF est, dès cette époque, de rechercher une rationalisation de ses équipements et une augmentation du trafic sur ses lignes sans devoir accroître le nombre de celles-ci, opération très onéreuse et qui, de plus, se révèle souvent impossible lors du franchissement d'ouvrages d'art. Avec ses méthodes, la SNCF peut parfois se contenter d'une unique voie de circulation sans nuire au rendement et à la productivité, ce qui représente une source d'économies substantielles. C'est ainsi que certaines lignes en double voie détruites pendant la Seconde Guerre mondiale n'ont pas été rétablies, car jugées inutiles. Cette chasse aux économies est d'ailleurs au centre de la démarche de la SNCF : de nombreuses lignes voyageur, peu rentables, sont très rapidement fermées tandis que des gares de triage à petit rendement disparaissent, le triage étant désormais regroupé dans de grands centres équipés de rails freins et de locomotives diesel capables d'assurer leur service vingt heures sur vingt-quatre. Cette dernière évolution est de toute manière une nécessité lorsque l'on sait que, en 1948, le trafic dans ces aires dépasse de 55 % celui de l'avant-guerre. En 1952, par exemple, la gare de triage de Villeneuve-Saint-Georges, entièrement rasée en 1944, est capable de traiter 4 000 wagons par jour.

Les énormes destructions subies par le réseau ferré français ont au moins le mérite de permettre la remise à neuf de toutes les infrastructures, y compris les petites gares comme celle d'Épone-Mézière (Yvelines, ancien département de Seine-et-Oise), totalement rasée en 1944.

Cette 140 C a repris du service pour le compte du Transportation Corps. Les cheminots sont des GI casqués, mais on note la présence d'un français sur le tender.

Le règne des Mikado

Lors de sa création, en 1938, la SNCF compte 14 871 machines à vapeur, 724 locomotives électriques, 389 automotrices électriques et 664 autorails. La nouvelle société nationale a bien sûr mis la main sur les parcs des anciennes compagnies, un matériel très hétéroclite qui date parfois d'avant 1914, mais qui compte aussi des machines plus modernes produites au cours des années 1920. Les machines à vapeur se répartissent entre les locomotives à tender séparé (indépendant de la locomotive qui le remorque) pour le service voyageurs des grandes lignes et la traction lourde de marchandises et, d'autre part, les locomotives-tenders (tender intégré au châssis de la locomotive) pour la traction des trains de banlieue et des omnibus, ainsi que pour les manœuvres. En 1938, ce sont pas moins de 177 séries de machines que

Construites après la création de la SNCF, les 141 P Mikado sont donc unifiées : ce sont 318 machines qui ont été ainsi livrées entre 1942 et 1952.

l'on dénombre ! L'un des premiers objectifs de la SNCF va donc être l'unification de son matériel roulant.
Dans cet immédiat après-guerre, les locomotives à tender les plus représentatives sont les Mikado type 141, les Pacific type 231 et les Mountain type 241 ; des machines qui ont été longuement et mûrement améliorées au long des années 1920 et 1930 pour accroître leur puissance tout en réduisant leur consommation. Les Mikado sont polyvalentes, aussi bien destinées au transport de marchandises que de voyageurs. La SNCF a entrepris de moderniser ce type en faisant construire les 141 P – qui sont donc « unifiées », c'est-à-dire dénuées de tel ou tel particularisme d'une compagnie antérieure à la SNCF – dérivées des 141 C quatre-cylindres à double expansion provenant du réseau PLM. Mises en service pendant la Seconde Guerre mondiale, les 141 P seront commandées en trois tranches, jusqu'en 1952 à plus de 300 unités.
Par rapport aux 141 C PLM, leurs devancières, les 141 P SNCF sont plus lourdes, munies d'un châssis renforcé et équipées d'un surchauffeur, d'un double échappement, d'un foyer en acier, d'une chaudière timbrée à 20 kg/cm^2 et d'une alimentation du foyer par stoker – vis sans fin poussant le charbon depuis le tender, *stoker* étant le mot anglais pour désigner le machiniste chargé de jeter le charbon dans le foyer. Ainsi modifiée, la 141 P développe 2 630 ch qui lui permettent une vitesse maximum de 105 km/h et la rendent capable, par exemple, d'avaler avec un train de 700 t le redoutable seuil de Blaisy, une rampe de 8 mm/m non loin de Dijon. Les 141 P peuvent en outre être poussées à 3 200 ch, mais le risque de casse est alors tel que seules des équipes expérimentées sont aptes à les mener. Les 318 machines produites au total circulent dans l'Est, le Sud-Est et l'Ouest. La 141 P reste la locomotive typique de la vapeur française de l'après-guerre.

Page de gauche : une 141 R, dite Mikado, d'origine américaine comme en atteste sa plaque constructeur (Baldwin Locomotive Works). Cette machine a été conçue aux États-Unis spécifiquement pour la France où elles se distinguent par leur chauffe au fuel plutôt qu'au charbon, réservé après 1945 à l'industrie. En plus d'être économiques – le fuel est alors très bon marché – les « goudronneuses » ou « mazoutières », comme elles sont surnommées, ont aussi l'avantage d'une autonomie supérieure à celle de leurs homologues au charbon.

Démarrage d'un express tiré par une 141 P. Polyvalente, la 141 P est affectée à la traction de trains de marchandises ou de voyageurs. Mais sa vitesse limitée à 105 km/h ne lui permet pas d'assurer des trains rapides.

À noter que la dénomination *P* s'applique à des machines neuves mais non nouvelles au sens strict du terme, puisqu'elle désigne des locomotives qui ont été conçues bien avant la création de la SNCF. Ce sera également le cas des 241 P.

La société nationale continue cependant d'utiliser une autre série de 141 C, plus anciennes et non unifiées, qui proviennent de l'ex-Réseau de l'État pour qui elles circulaient dans la région Ouest. Moins puissantes car pourvues de seulement deux cylindres à simple expansion, ces infatigables 141 C continuent de sillonner l'ouest du pays. Avant la Seconde Guerre mondiale, elles ont aussi droit à leur lot d'améliorations, mais sans que la SNCF ne procède toutefois à leur refonte complète. Ces machines resteront cantonnées au trafic omnibus ou de messagerie sur des petites lignes.

Une 141 C en cours d'essai au banc de Vitry-sur-Seine.

141 C

FRANCE

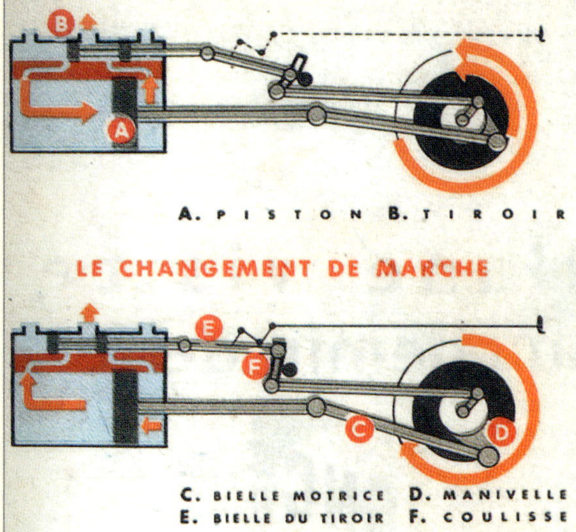

Chauffe

1. Chargement mécanique de charbon par stoker.
2. Foyer.
3. Échappement double.
4. Cheminée.

Circulation de l'eau et de la vapeur

5. Réservoir d'eau de 34 m^3.
6. Réchauffeur d'eau.
7. Chaudière tubulaire.
8. Dôme de vapeur.
9. Surchauffeur.
10. Régulateur.
11. Cylindre.
12. Sortie de la vapeur vers la cheminée.

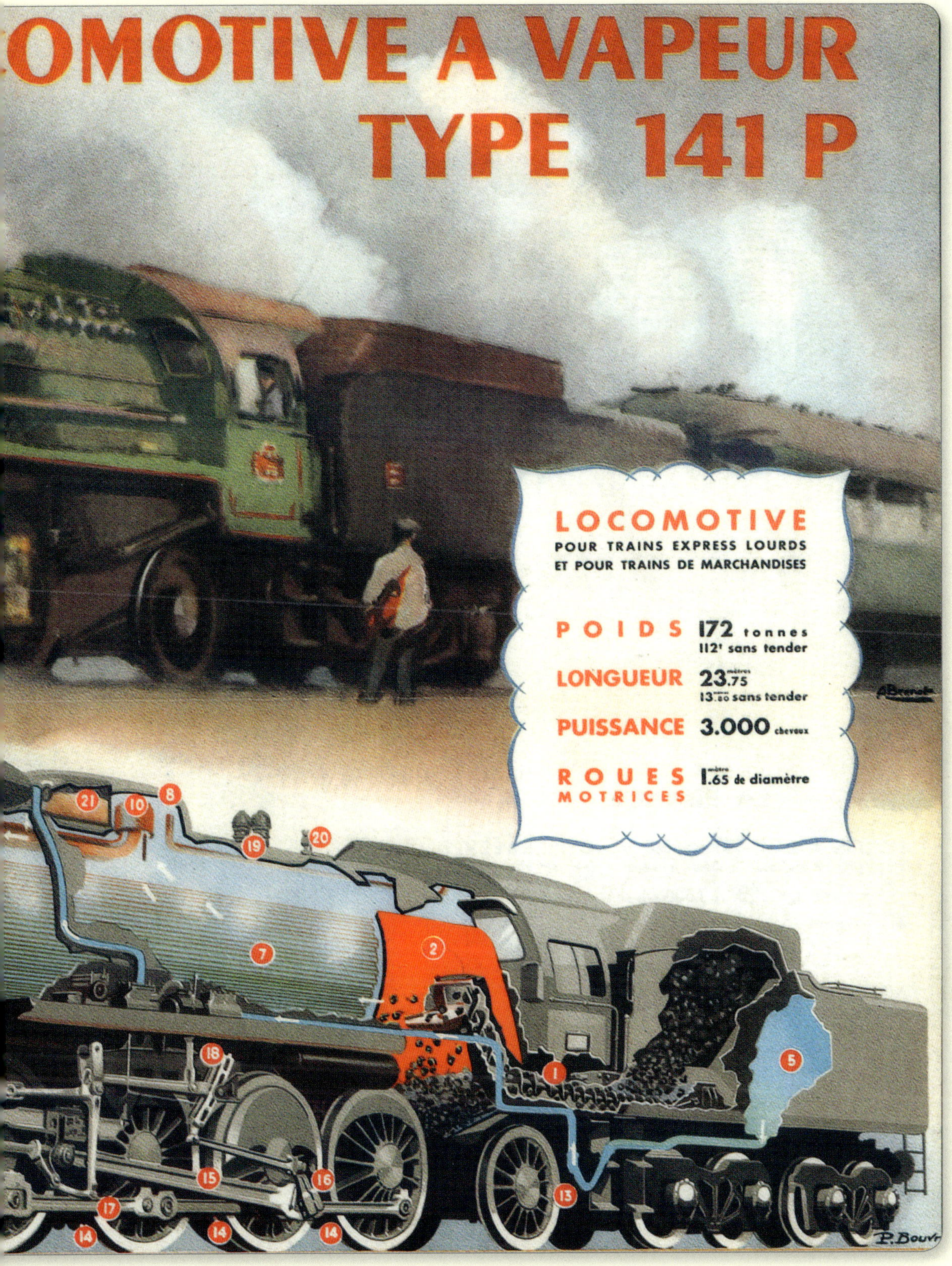

Mécanisme de marche

13. Roue porteuse.
14. Roue motrice.
15. Bielle motrice.
16. Manivelle.
17. Bielle d'accouplement.
18. Coulisse.

Autres organes

19. Soupape de sûreté.
20. Sifflet.
21. Sablière.
22. Écran lève-fumée.

Cette 141 R restaurée, vue ici dans les années 2000 et conservée en parfait état de marche, fonctionne au fuel. Juste après la Seconde Guerre mondiale, le charbon étant en effet réservé à l'industrie sidérurgique et maints combustibles s'avérant de mauvaise qualité, la chauffe au fuel s'impose. Construites aux États-Unis et au Canada (en versions fuel ou charbon), les 141 R étonnent les cheminots français par leur confort (certes relatif) et leur technologie – par exemple l'alimentation du foyer par stocker (vis sans fin) des machines à charbon.

Le cadeau de l'Oncle Sam

La dernière série des 141 Mikado est représentée par la 141 R, machine d'origine américaine qui arrive en très grand nombre au lendemain du conflit mondial, essentiellement dans le cadre du plan Marshall. Ces locomotives, adoptées avec joie par la SNCF pour combler les pertes subies durant la Seconde Guerre mondiale, sont par contre loin d'être des pur-sang. Plutôt des percherons, à vrai dire ! Dotées d'une simple expansion, moins poussées et moins sophistiquées que les locomotives françaises, ces bonnes à tout faire se montrent en revanche d'une fiabilité à toute épreuve et, surtout, ne réclament qu'un entretien réduit. Construites suivant un cahier des charges français par les firmes Alco, Baldwin et Lima, aux États-Unis, ainsi que les Montreal Loco et Canadian Loco au Canada, ce sont elles qui, à la fin des années 1940, assurent l'essentiel de la traction ferroviaire en France.

Les premières 141 R – la SNCF en acquerra 1 323 au total – sont réceptionnées à partir de novembre 1945. Sans être révolutionnaires, elles sont très vite appréciées pour leur confort (si tant est que l'on puisse employer ce mot s'agissant d'une locomotive !) car elles disposent de véritables sièges avec dossier

– et non plus de simples tabourets – et de commandes disposées à portée de main du machiniste assis. À défaut de posséder le dynamisme des locomotives françaises, les 141 R sont d'une certaine manière les Cadillac du rail. Mais des Cadillac économiques. À commencer par leur mode de carburation : le charbon étant une matière première encore rare, un peu plus de 600 de ces locomotives sont en effet converties à la chauffe au fuel, un sous-produit du pétrole qui est alors meilleur marché. Dans cette période de l'après-guerre, la SNCF va de la sorte économiser près d'un million de tonnes de charbon chaque année. Par ailleurs, grâce à sa maintenance abaissée, la 141 R effectue la tâche de 2,5 locomotives *made in France* qui, travaillant presque toujours au maximum de leurs possibilités, et étant par surcroît délicates, réclament un entretien assez régulier. Enfin, les françaises requièrent un maniement scrupuleux par des équipes qui leur sont spécifiquement dédiées. C'est ce qu'on appelle la « titularisation ».

Une machine titularisée est toujours mise en œuvre par la même équipe, sur des parcours journaliers limités. Le mécanicien et le chauffeur prodiguent leurs soins à leur locomotive, savent la mener, l'écouter et déceler ses éventuelles pannes, une sorte de lien affectif finissant par se créer entre l'homme et la machine, comme l'a si bien décrit Émile Zola dans *La bête humaine*. Mais ce système possède le gros inconvénient de réduire la plage d'utilisation à la disponibilité horaire de l'équipe dédiée : sur une journée de vingt-quatre heures, une locomotive française ne travaille effectivement que six heures et quinze minutes par jour, pour une distance moyenne parcourue de 88 km (tous types de machines confondus).

À l'inverse, une 141 R, moins contraignante, peut être mise en œuvre par diverses équipes appartenant à plusieurs dépôts. Elle est dite « banalisée ». Une telle locomotive parcourt en moyenne 185 km par jour (on en voit même avaler 500 km). Par comparaison, une 141 P, c'est un peu une automobile qui effectue la majorité de ses trajets coincée dans des embouteillages, tandis qu'une 141 R, un peu moins performante, abat pourtant des dizaines de kilomètres dans le même temps. D'autant que, fonctionnant au fuel, ces machines disposent d'une autonomie plus conséquente. Malgré l'électrification ou la diésélisation progressives des régions, les 141 R vont rester en service jusqu'au milieu des années 1960.

Couverture d'un catalogue Jouef de la fin des années 1970. Les vapeurs célèbres y font bonne figure.

Une belle scène hivernale à Chicago : un train de marchandises américain du Santa Fe est prêt au départ. La machine est une 141, une Mikado sortie des usines Baldwin.

The
Canyon

Les Pacific françaises

Les Pacific, ce sont avant tout de superbes machines type 231 taillées pour la traction de trains de voyageurs rapides au départ de Paris. La Pacific, c'est aussi et bien sûr la superbe 231 de la Compagnie du Nord, couleur chocolat rehaussée de filets or ; une locomotive profondément modifiée par André Chapelon et qui, à partir de 1934, assure la traction du train *Flèche d'Or* sur la ligne Paris-Lille à des moyennes de 130 km/h. Les Pacific constituent une grande famille diversifiée car elles ont été beaucoup transformées au gré des besoins particuliers des compagnies et cette capacité à s'adapter aux divers réseaux français va séduire la SNCF. La société nationale n'aura, pour sa part, jamais fait construire de types 231, ayant hérité de locomotives plutôt récentes et performantes. Elle en radie certaines entre 1938 et 1948, tandis que d'autres, les Pacific 231 G et K, vont longtemps rester en service sur une grande partie du réseau. Avec une masse de 152 t, les 231 modernisées par la SNCF assureront de remarquables services de voyageurs sur les lignes de l'Ouest, avec des pointes à 130 km/h.

Les Pacific, ce sont aussi les Twelve wheel, des machines de type 240 mises en service par la Compagnie du Paris-Orléans au début des années 1930 pour faire face à l'accroissement des tonnages tractés. Les classiques Pacific 231 peinant à remorquer des trains de 700 t sur la ligne Vierzon-Toulouse, une 231 est transformée en 240 à partir de travaux

La 231 Pacific n° 3106 de la Compagnie du Midi au début du XXe siècle. Cette machine sera ensuite intégrée à la compagnie Paris-Orléans-Midi (231-106) puis deviendra la 231 E 106 en rejoignant le parc SNCF.

Cette 231 K8 est en parfait état de conservation, quoiqu'elle subisse au moment de l'écriture de ces lignes quelques travaux après que l'on a détecté une fissure du troisième essieu. Elle est née en 1912 dans les usines allemandes Henschel et a servi au sein de la Compagnie PLM. Après 1945, et avec l'électrification de la ligne Paris-Lyon, elle est mutée dans le Nord, puis radiée au début de l'année 1970. Cinq ans plus tard, elle sera sauvée du ferraillage par la Fédération des amis des chemins de fer secondaires.

d'André Chapelon. La nouvelle venue remplissant parfaitement son rôle, d'autres machines 231 sont alors refondues en 240, et à nouveau remaniées par la SNCF. Dénommées 240 P, affichant une belle puissance de 3030 ch au crochet pour une masse totale de 114 t, les 240 P auront malgré tout eu une très courte carrière. En effet, après avoir assuré, durant la Seconde Guerre mondiale, un service d'express, de rapides et de messageries, elles sont, après le conflit, vite supplantées sur la ligne Paris-Lyon par des machines électriques. La SNCF les retire complètement au début des années 1950.

Dans les années 1950, certaines 230 K du réseau de l'Est ont été modifiées pour assurer la traction de rames sur pneumatiques entre Paris et Strasbourg. Elles étaient particulièrement identifiables, avec leurs écrans pare-fumée arrondis aérodynamiques se prolongeant tout au long du châssis.

Publicité pour les semelles et talons Woodmilne de 1934. Cette marque prend comme référence la plus puissante des locomotives, une Mountain, c'est-à-dire une 241. Le choix est malheureux, car les Mountain État n'auront pas eu une très bonne réputation après leur implication dans deux catastrophes ferroviaires subies par la compagnie...

Le règne des Mountain et des Decapod

Les splendides Mountain type 241 font partie, tout comme les Pacific, d'une série de machines anciennes longuement mûries et adaptées – unifiées – en 1938 pour les besoins de la SNCF. Les 241 P sont ainsi issues des 241 C du PLM. À nouveau produites en 1945 par les usines Schneider en vue d'assurer la traction des trains les plus lourds et les plus rapides, elles bénéficient des dernières innovations du moment – surchauffeur, foyer acier, pare-fumée, châssis renforcé, etc. Avec plus de 131 t sur la balance et une puissance de 3 300 ch, les 241 sont indiscutablement les fleurons de la SNCF. Excepté le Sud-Ouest, elles seront présentes dans toutes les régions où elles régneront jusqu'en 1969. Leur nombre demeurera par contre singulièrement limité, puisque seules 35 machines auront été commandées.

La série des 150 est quant à elle nettement plus prolifique. Nommées Decapod, ces machines à cinq essieux sont les spécialistes de la remorque des trains lourds de marchandises, surtout de charbon ou de minerai de fer. Elles sont largement diffusées dans toute l'Europe, surtout en Allemagne. La SNCF, qui a fait construire des 150 P inspirées de celles ayant servi dans l'ex-Compagnie du Nord (des quatre-cylindres compounds), constitue l'essentiel de son parc en récupérant des machines allemandes au titre des dommages de guerre. Les anciennes BR 44 germaniques deviennent ainsi des 150 X (trois-cylindres à simple expansion avec surchauffe de 2 000 ch), les BR 50 des 150 Z (deux-cylindres à simple expansion de 1 625 ch) et les BR 52 des 150 Y (presque identiques aux 150 Z). Ces indispensables machines œuvrent dans les bassins miniers du Nord et de l'Est, rattachées aux dépôts de Lens, Valenciennes, Metz, Sarreguemines ou, plus à l'est, de Sarrebourg ou Thionville, toutes régions où règnent le charbon et l'acier.

La 232 U1, « la divine »

Elle aurait dû être la locomotive à vapeur capable de supplanter les machines électriques, celle qui aurait pu démontrer que l'électrification des voies ferrées nécessitait de trop coûteux investissements. Avec ses 4 000 ch, la 232 U1 possède en effet des arguments à faire valoir. Fille des 232 R et 232 S étudiées à la veille de la Seconde Guerre mondiale pour des vitesses de 160 km/h et produites à huit exemplaires seulement, cette machine de type Hudson est une quatre-cylindres compound qui, à l'instar des autres 232, est affectée dès 1949 à la ligne Paris-Lille. Sa carrière, relativement courte, s'achève en 1962, lorsque la ligne est entièrement électrifiée. Cette superbe machine, sorte d'apothéose de la vapeur à la française, est aujourd'hui conservée à la Cité du train de Mulhouse.

DES CHEMINS
200F
SOCIÉTÉ NATIONALE
DE FER FRANÇAIS
DES CHEMINS
100F
SOCIÉTÉ NATIONALE
DES CHEMINS
80F
SOCIÉTÉ NATIONALE
DE FER FRANÇAIS
DE FER FRANÇAIS
5 00
SOCIÉTÉ NATIONALE DES CHEMINS

Ci-dessus et page de gauche : la 242 restera à l'état de prototype, la SNCF ne souhaitant finalement pas poursuivre le développement de cette superbe machine. Issue en 1946 d'une 241 revue et corrigée par André Chapelon, le maître de la vapeur, la 242 A1 est, avec ses 5 500 ch, la plus puissante des locomotives de la SNCF. Elle ne va cependant parcourir que peu de kilomètres et être ferraillée en 1960 : trop performante, elle fait incontestablement de l'ombre aux nouvelles machines électriques que la SNCF souhaite promouvoir.

Page de gauche : timbres de la SNCF pour le courrier affranchi dans les wagons postaux.

Ci-dessous : les Decapod, ou 150 X, sont des machines allemandes essentiellement affectées à la traction de trains de minerais et de charbon dans le Nord et l'Est. Increvables, elles sont équipées de roues de seulement 1,40 m pour accroître l'effort de traction au détriment de la vitesse (limitée à 80 km/h). Elles seront retirées définitivement du service en 1965.

Les besogneuses

Moins prestigieuses, les machines de manœuvre, qui sont également aptes à la remorque de trains omnibus, constituent d'utiles auxiliaires partout en France. Il s'agit là d'une très large famille où l'on trouve, pêle-mêle, les 030 TU, des locomotives assez rudimentaires débarquées avec le Transportation Corps américain en 1944 ; les 030 TX, ex-machines allemandes prises par la France au titre des dommages de guerre ; les 040 TX ou 050 TX construites en France suivant un cahier des charges allemand pendant l'Occupation ; les 040 TA, celles-là bien de chez nous (une des premières machines à vapeur reproduites par Jouef en 1965) ; les imposantes locomotives-tender 151 TC, anciennement « Lorraine » car provenant du réseau de l'Est et qui opèrent en tête de trains lourds ; les 151 TQ ou les 141 TC et TD, très actives des décennies durant sur la Petite Ceinture autour de Paris. Il existe une grande variété de modèles, tous cependant unifiés par la SNCF afin d'être adaptés à leur rôle.

À partir de 1948, la SNCF met en service les 050 TQ dans la région Nord. Ces locomotives-tenders (le tender est intégré sous forme de hotte à l'arrière de la cabine, tandis que les caisses à eau sont placées sur les côtés du châssis), sont utilisées pour les manœuvres en gare et la traction de trains lourds à faible allure.

Devant le BV (Bâtiment voyageurs) de Louveciennes (Yvelines) sur la ligne Saint-Cloud à Saint-Nom-la-Bretèche, un autocar Chausson et une Citroën Traction Avant attendent leurs occupants.

Gagner du temps sur le temps

Les grandes lignes SNCF du début des années 1950 sont assez semblables à celles de l'avant-guerre. Deux lignes de prestige s'étirent depuis Paris, l'une vers le Nord (Paris-Lille), et l'autre vers le Sud (Paris-Lyon-Marseille), dénommée « artère Impériale » tout simplement parce que Napoléon III l'emprunta.

La liaison entre Paris-Nord et Lille a un avantage considérable : un relief peu accidenté y permet des vitesses régulières et élevées. Elle est, de 1945 à 1959, la ligne reine des machines à vapeur les plus puissantes. Son électrification s'achève en effet tardivement, les nombreuses mines de charbon locales jouant en faveur de la vapeur. Normalement limitées à une vitesse de 120 km/h, les machines sont autorisées à une pointe de 130 km/h en cas de retard. Les Pacific, puis les Mountain (qui emmènent des trains de presque 800 t pour les premières et 700 t pour les secondes) et, enfin, les 232 assurent après-guerre l'essentiel du trafic. La ligne se poursuit jusqu'à Calais, avec embarquement sur un vapeur à destination de Douvres et, de là, vers Londres sur le réseau britannique. La *Flèche d'Or*, le train de luxe bien connu, y restera en service avec ses voitures Pullman jusqu'en 1969.

Voiture mixte (1re et 2e classes) unifiée type DEV AO (Direction des études des voitures, acier ordinaire) mise en service après 1945. Ces voitures circuleront jusque dans les années 1990.

La ligne PLM est nettement plus longue (863 km contre 251 km pour Paris-Lille). Débutée avant celle de Paris-Lille, son électrification – réalisée par tranches – est terminée en 1952 pour Paris-Lyon, le voyage continuant jusqu'à Marseille par la vapeur. Deux ans auparavant, le 14 mai 1950, le train *Mistral* assurant la liaison entre Paris et Nice a effectué ses premiers tours de roues. La ligne n'étant que partiellement électrifiée, il est emmené de Paris à Laroche, au nord d'Auxerre, par une 231 K, puis une motrice électrique 2D2 prend le relais jusqu'à Dijon, avant qu'une seconde 231 K assure le trajet Dijon-Lyon, suivie d'une 231 H entre Lyon et Marseille. Nice est enfin rejoint, depuis Marseille, en autorail Bugatti. Presque dix heures sont nécessaires pour atteindre Marseille, treize pour arriver à Nice.

Les voitures sont en majorité des nouvelles DEV (Division des études de voitures), des voitures unifiées de la SNCF que celle-ci n'avait pas eu le temps de mettre en service

La voiture présidentielle PR2 utilisée par le président René Coty est une DEV qui a conservé ses bas de caisse aérodynamique. Ceux-ci ont en effet été rapidement démontés sur les voitures de grande série.

avant la Seconde Guerre mondiale et qui, après le conflit, équipent les grandes lignes – 1re, 2e, et 3e classes, cette dernière disparaissant en 1956. Les DEV, courtes ou longues, sont, dans un premier temps, aptes à atteindre une vitesse de 140 km/h, puis de 160 km/h. Mais on voit encore circuler, sur cette même ligne, des voitures métalliques d'express OCEM (Office central d'études de matériel de chemin de fer) nées avant 1938, en versions 1re classe (type A8) et 2e classe (type B9). Toutes de vert vêtues, ces voitures métalliques OCEM ou DEV qui ont marqué leur époque sont abondamment visibles dans les films de l'après-guerre. Comme il est d'usage à l'époque, ce sont des voitures-voyageurs compartimentées – le couloir central avec disposition en salle, une configuration très répandue aux États-Unis, n'apparaîtra vraiment en France que durant les années 1970. Pour s'asseoir, il faut donc d'abord arpenter un couloir latéral où l'on doit rentrer son ventre et se mettre de profil pour se croiser, puis manœuvrer une porte coulissante donnant accès au compartiment où l'on jette un œil pour voir s'il y a de la place, avant de se frayer un chemin parmi les jambes des passagers déjà présents et de poser enfin son fessier sur une banquette en skaï où l'on fera inévitablement face aux passagers de l'autre banquette. Ce qui permettra d'engager la conversation. Les banquettes comportent des appuie-têtes imposants, dont les oreilles débordent largement, de telle sorte qu'un passager endormi ne puisse malencontreusement poser sa tête sur l'épaule de son voisin.

En haut : le compartiment a longtemps régné en France, avant l'arrivée des voitures Corail. Au centre : ces passagers de 1re classe du Paris-Strasbourg bénéficient par contre d'une configuration en salle, avec des fauteuils disposés en deux rangées de part et d'autre d'un couloir central. En bas : le luxe est clairement affiché dans cette voiture-bar accessible aux passagers de 1re classe.

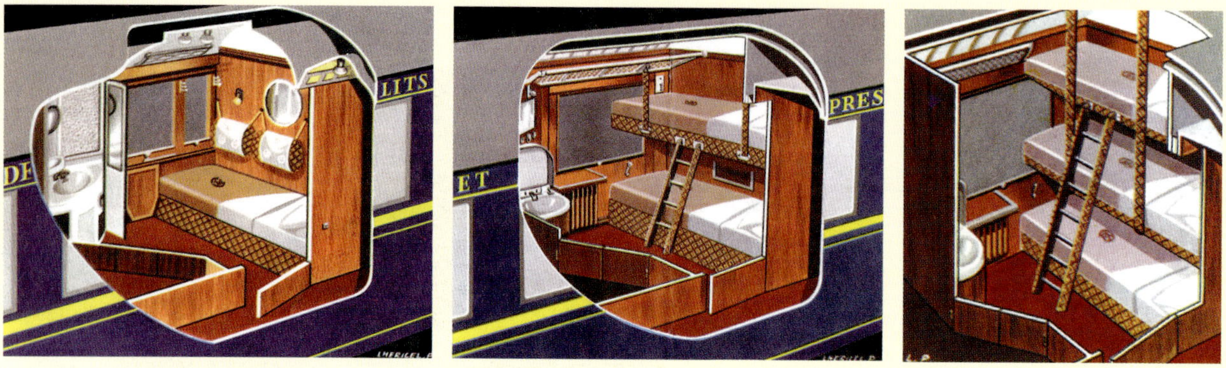

Trois aménagements d'une voiture-lit de la CIWL (Compagnie internationale des wagons-lits) après 1945. De gauche à droite, aménagements simple, double ou touriste (trois lits superposés).

La voiture Pullman de 1re classe n°4155 est une rescapée du train Côte d'Azur*. Datant de 1929, elle est entièrement décorée de luxueuses marquetteries. Construites par les Entreprises industrielles charentaises, ces voitures resteront en circulation jusqu'à la fin des années 1960.*

Car on dort beaucoup, en train. Le *tacam-tacam* des roues sur les rails et le doux balancement de la voiture sur ses bogies y sont certainement pour quelque chose ! Au-dessus des banquettes, les incontournables photos en noir et blanc encadrées montrent quelque vue d'une province française, certes sous son meilleur jour, mais néanmoins surplombée par le filet à bagages. Le compartiment est tout sauf intime : celui-ci sort son sandwich enrubanné de papier, celui-là s'abrite ostensiblement derrière un journal, celle-là tricote

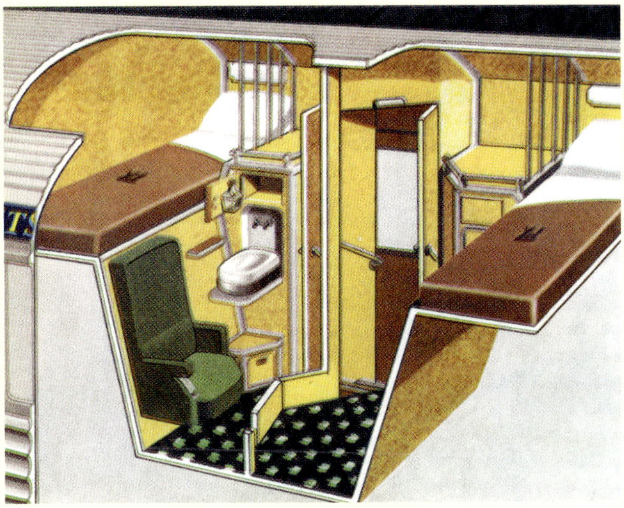

Les voitures-lits de type P sont de modernes voitures inox de 1re classe construites par plusieurs ateliers européens, et livrées à partir de 1954. Elles se singularisent par leur compartiment simple sur deux niveaux, permettant d'imbriquer les espaces de couchage. Au total, 80 exemplaires de ces voitures ont été assemblés.

un pull pour le petit-fils et une autre mâche un chewing-gum en faisant claquer sa langue – pour le grand énervement de la plupart. On y tousse allègrement, y pique-nique le midi, le litron de rouge bien en évidence, y fume aussi, car c'est encore autorisé. On y a souvent trop chaud l'hiver (ou pas assez, c'est tout l'un ou tout l'autre) tandis qu'en plein été, faute de climatisation, mieux vaut baisser la vitre, les odeurs de sueur et de tabac froid risquant de vite indisposer le voyageur un peu sensible.

La technologie mise au point par la firme américaine Budd Co. utilise des tôles d'inox partiellement ondulées, ce qui permet une plus grande rigidité de la voiture tout en l'allégeant considérablement. Les tôles sont soudées électriquement. Insensible à la rouille, l'inox est toutefois d'un prix élevé. Au centre, une voiture de 1952 et ci-dessus une voiture-lit de type P dont on voit nettement la disposition décalée des fenêtres sur deux niveaux. Ces voitures reposent sur des bogies type N Schliren leur autorisant une vitesse de 140 km/h.

Du pneu-rail au tout inox

En 1950, la SNCF passe commande d'une nouvelle série de voitures nettement plus modernes, les DEV inox qui, comme leur nom l'indique, sont réalisées en tôle d'inox selon le procédé américain Budd par la société Carel et Fouché. Afin d'établir une claire distinction, les anciennes DEV en acier sont rebaptisées DEV AO (acier ordinaire). Produites d'abord en version courte, puis en version longue, les DEV inox entrent en service en 1954 sur le train *Mistral*. Elles existent aussi en voitures-bars et voitures-restaurants, succédant aux anciennes voitures-restaurants de la CIWL. Avec leur livrée tout inox, qui change du sempiternel vert SNCF, et leur ligne moderne (les marchepieds d'accès sont notamment intégrés au bas de caisse), les DEV inox connaissent un grand succès. On retrouve d'ailleurs une conception très proche sur une belle série de voitures-couchettes, les types P, qui sont livrées entre 1955 et 1956 tant à la SNCF qu'à la SNCB belge, aux NS néerlandais et aux ÖBB autrichiens. Exclusivement de 1re classe, ces voitures-lits sont utilisées sur des liaisons entre la France et l'Italie, la Suisse ou l'Allemagne. Dans le domaine des automotrices, le manufacturier de pneumatiques Michelin avait innové avant la Seconde Guerre mondiale avec sa fameuse Micheline, un autorail

Une 231 K du Paris-Strasbourg tracte des wagons pneu-rails montés sur pneumatiques Michelin. Chaque bogie de ces voitures comporte cinq pneus complétés par des galets. L'ensemble procure un confort inégalé mais trouve sa limite dans la résistance toute relative de la gomme au roulement. Seules 6 de ces voitures seront mises en circulation. La SNCF cesse finalement l'expérience en 1956.

silencieux et confortable monté sur pneumatiques. Après le conflit, un autre autorail rapide, le Bugatti, opère quant à lui sur la ligne Paris-Nancy-Strasbourg. Mais la clientèle fait la moue devant le bijou des années 1930, jugeant la capacité d'accueil du Bugatti trop faible et son confort indigne d'un grand train. En 1949, une nouvelle solution est mise au point avec des rames de voitures-voyageurs dont les bogies sont constitués de deux fois cinq paires de pneumatiques. Très confortable, le pneu-rail a en revanche une telle adhérence qu'il demande une puissance de traction passablement forte. La caisse des voitures est donc allégée par l'emploi d'inox (procédé Budd). Très modernes, ces voitures de 1re classe (48 places) et de 2e classe (64 places) sont aussi déclinées en voitures-bars et voitures-restaurants. La traction des rames est assurée par des locomotives 231 K chauffées au fuel. Surnommées « baleines » à cause de leur pare-fumée proéminent et de forme arrondie. Ces machines demeurent actives jusqu'en 1956. À partir de cette date, les motrices électriques l'emportent définitivement sur la traction à vapeur.

La décadence du réseau secondaire

Le réseau secondaire, c'est-à-dire le réseau ne faisant pas partie du réseau ferré national et international, connaît un essor important dès le début du XXe siècle. Il se distingue radicalement du réseau national (et en est parfois complètement isolé) par son gabarit, sa signalisation, son infrastructure générale et, surtout, par sa largeur de voie différente : on parle de voie étroite, car d'un écartement inférieur aux 1 435 mm de celui de la voie dite normale. Cette étroitesse permet de réaliser des voies à la courbure plus accentuée, et se faufilant donc plus aisément à travers le relief, sans nécessiter l'édification de grands ouvrages d'art. Dans son ensemble, la voie étroite est d'ailleurs synonyme d'économies : les rails sont légers et posés rapidement, la signalisation réduite, les gares de taille très modeste – un unique BV (bâtiment voyageurs) avec un quai, parfois un entrepôt. Les matériels circulants sont incompatibles avec ceux qui empruntent le réseau national.

En France, la voie étroite traditionnelle est la voie métrique (1 000 mm), mais il existe également des voies plus réduites encore, jusqu'à 600 mm seulement. Le réseau secondaire est donc une addition de différents réseaux d'intérêt local pouvant aussi bien être administrés par des sociétés privées (chemin de fer industriel desservant une usine, par exemple), que par de quelconques administrations communales ou régionales dans le cas de trains de voyageurs – on parle alors de VFIL (voies ferrées d'intérêt local) – ou encore par l'armée (chemins de fer militaires et stratégiques des zones militarisées). Très disparates, avec un développement parfois anarchique que les pouvoirs publics tentent de maîtriser à grands coups de lois et de décrets, les chemins de fer à voie étroite vont connaître un très rapide déclin.

Bon nombre disparaissent en effet dès les années 1930. Il faut dire que ce mode de transport est assez rudimentaire, s'opérant sur des voies uniques (donc à une fréquence relativement réduite) sur laquelle roulent des locomotives légères

Le Chemin de fer de la Baie de Somme dispose d'une petite locomotive 031 T Buffaud & Robatel qui circule en voie métrique, un écartement typique du réseau secondaire.

Toujours au sein du Chemin de fer de la Baie de Somme, voici un locotracteur n°352 en voie métrique datant de 1951.

attelées à une ou deux voitures et à un wagon de marchandises, et dont la vitesse ne dépasse pas les 30 km/h. De plus, une inconfortable promiscuité sur de dures banquettes en bois ne contribue pas à la bonne réputation de ces « tortillards ». Et ce n'est pas l'introduction de petits autorails à moteur diesel, plus souples d'emploi que les machines à vapeur, qui change beaucoup la donne. À une époque où la bicyclette permet de relier facilement des communes peu éloignées, l'intérêt pour ce type de trains reste limité.

A fortiori leur déclin est accéléré par le développement de l'automobile : dès la fin des années 1940 la voie étroite et les trains de voyageurs du VFIL disparaissent, sans grands regrets… Il faudra attendre plusieurs décennies pour que ce réseau local renaisse sous forme de chemins de fer touristiques qui pullulent désormais en France.

On l'a appelé le baby boom. Après 1945, le nombre des naissances s'accélère et les générations précédentes découvrent, étonnées, les teenagers. Les jeunes filles s'émancipent et constituent de nouvelles cibles pour les publicitaires. Elles prennent le volant de Renault Dauphine habillées de jupes Stick, aguichent les garçons en mâchant du chewing gum et écoutent les derniers tubes à la mode sur un tourne-disque Tepaz.

Le régime des exploitations

L'exploitation du réseau concerne l'ensemble des activités permettant l'acheminement des passagers ou des marchandises. Elle prend en compte de nombreux éléments techniques, économiques et sociaux. Ceci influe donc sur le tableau de marche des trains et impose des horaires bien précis.

Dès avant la Seconde Guerre mondiale, le trafic des passagers observe des grilles horaires précises et stables. La clientèle s'habitue à prendre le Paris-Lille de 8 h 31 ou le Rouen-Paris de 6 h 35. Par contre, avec l'unification du réseau français sous l'égide de la SNCF, de nombreuses lignes et certains horaires sont abandonnés, car trop peu fréquentés et jugés non rentables. À l'inverse, sur les lignes davantage empruntées, la SNCF choisit de faire circuler des trains comptant davantage de voitures (ce qui nécessite d'ailleurs la mise en service de machines plus puissantes) mais avec une moins grande fréquence. Toutefois, la problématique n'est pas aussi simple car, sur un tracé spécifique, un train peut très bien circuler à pleine charge entre deux arrêts et se vider complètement de ses passagers au troisième, une même ligne pouvant dès lors être rentable entre deux points et devenir déficitaire sur d'autres segments du parcours, sinon sur sa globalité. Il est donc nécessaire de trouver des moyens termes, même si la SNCF, service public oblige, est tenue de desservir des régions où le passager se fait rare. Malheureusement, cette refonte de l'exploitation du réseau est brutalement stoppée lorsque se déclenche la Seconde Guerre mondiale.

Mais le conflit va paradoxalement être l'occasion de repenser totalement l'organisation ferroviaire du pays.
Ainsi la SNCF va-t-elle mettre en place sur les grandes lignes des « nœuds de correspondances » constitués par les grosses gares de bifurcation. Sur l'axe Paris-Nantes, par exemple, un express s'arrête au Mans où le Rennes-Paris, en route vers la capitale, marque lui aussi une halte. Dans cette même gare, un omnibus est prêt à partir pour desservir toutes les gares entre Le Mans et Paris et un autre toutes celles entre Le Mans et Nantes. Les passagers du Paris-Nantes (tout comme ceux du Rennes-Paris) descendant au Mans peuvent donc prendre l'un ou l'autre des omnibus pour n'importe quelle gare entre Nantes et Paris. Au total, quatre trains suffisent ainsi à desservir deux grandes lignes (Paris-Nantes et Nantes-Paris), à condition, toutefois, que les horaires soient scrupuleusement respectés ! C'est là le principe des correspondances, la gare du Mans offrant de plus des accès vers le nord (Caen) et vers le sud (Tours).
Ce système est développé dès 1942 sous le nom évocateur de « service d'avenir » et, après la Seconde Guerre mondiale, le voyageur tend l'oreille pour écouter la longue litanie du chef de gare énumérant les arrêts, à l'affût du nom de sa gare d'arrivée ou de celui de sa énième correspondance. Cependant, en fait « d'avenir », le trafic passagers, surtout les omnibus desservant de nombreuses petites gares locales, va se trouver de plus en plus concurrencé par l'automobile qui se démocratise. Dès le mois d'octobre 1947, Peugeot présente sa 203, une berline familiale promise à un grand succès. Renault lui emboîte le pas avec sa mythique 4CV, tandis que Citroën sort de ses cartons un projet de Très Petite Voiture (TPV), alias la future 2CV.
L'intérêt du train de voyageurs tend dès lors à se réduire, même si sur les grandes distances, le *Night Ferry* reliant directement la gare du Nord à la gare de Victoria à Londres, le train numéro 33 Paris-Marseille (futur *Mistral*) ou encore le Calais-Méditerranée (le *Train Bleu*) sont encore auréolés de prestige.

Les deux régimes

Pour le trafic des marchandises, la situation est différente. Il existe deux régimes, simplement en fonction de la vitesse des trains : les marchandises non urgentes peuvent circuler à petite vitesse, tandis que celles nécessitant d'être livrées rapidement sont diligentées à grande vitesse. Les coûts d'acheminement sont bien entendu différents.
Après 1945, la Petite vitesse devient le Régime ordinaire (RO) et la Grande vitesse le Régime accéléré (RA). La concurrence de la route se faisant sentir, la SNCF refond sa grille tarifaire à la baisse, de manière que les deux régimes demeurent relativement proches des précédents tarifs du Régime ordinaire. Il y a toutefois des marchandises pour lesquelles la SNCF propose uniquement le Régime accéléré. C'est entre autres le cas des colis postaux, des expéditions en cadres (ancêtres des palettes et des conteneurs) ou des matières premières qui, en cet après-guerre, sont indispensables à la reconstruction du pays, notamment le charbon et l'acier.

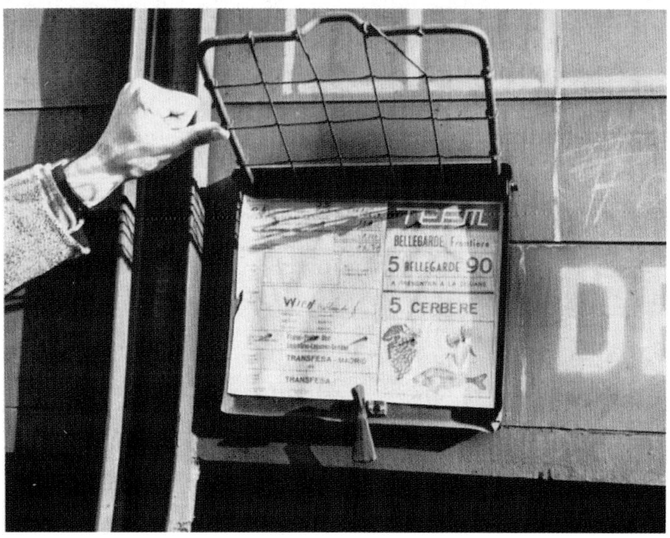

En haut : pour assurer les manœuvres dans les usines où sont livrés les wagons, une diversité de locotracteurs leur sont proposés par les fabricants, car ces machines n'appartiennent pas à la SNCF.

Au centre : un wagon trémie STEMI en aluminium. Ce type de wagons, essentiellement destiné au transport de coke, a été développé pour offrir résistance et légèreté, de manière à limiter le poids des trains. Le vidage latéral s'effectue par gravité.

En bas : feuille de route d'un wagon de marchandises. Avec le marché européen qui prend forme dès 1957, le transport des marchandises s'affranchit peu à peu des frontières.

Certaines gares deviennent des centres d'expédition et de réception spécialisés dans le RA, comme Batignolles, Pantin ou Paris-Tolbiac pour la région parisienne, ou de grandes villes telles Bordeaux, Strasbourg, Lyon, Marseille ou Tours. Et bien d'autres gares encore, puisqu'on en compte au total quatre-vingt-dix de grande et moyenne importance. Ces gares-centres sont reliées entre elles par des trains dits « de messagerie » qui circulent avec très peu d'arrêts à des vitesses élevées, comparables à celles d'un express ou d'un rapide de voyageurs. C'est ainsi qu'en 1949, un train de messagerie est capable de relier Bordeaux à Strasbourg (991 km) en 26 h 08 contre 44 h 30 dix années auparavant.

Le transport frigorifique, via la STEF (Société de transport et des entrepôts frigorifiques, née en 1939), se développe pour l'acheminement des denrées périssables (légumes, fruits, viandes poissons, laitages) avec les trains « de marée » (au départ de Boulogne, de Brest ou d'Arcachon) ou « les primeurs ». Il ne s'agit pas encore de wagons produisant du froid mais de wagons isothermes (c'est-à-dire

Page de droite : vue d'une grande gare de triage dans les années 1950. L'extension du trafic des marchandises nécessite d'agrandir ces zones de triage et de considérablement moderniser leurs infrastructures.

Un tracteur Chenard & Walcker-Far (avec attelage automatique) décharge une semi-remorque simple essieu adaptée au transport du rail-route.

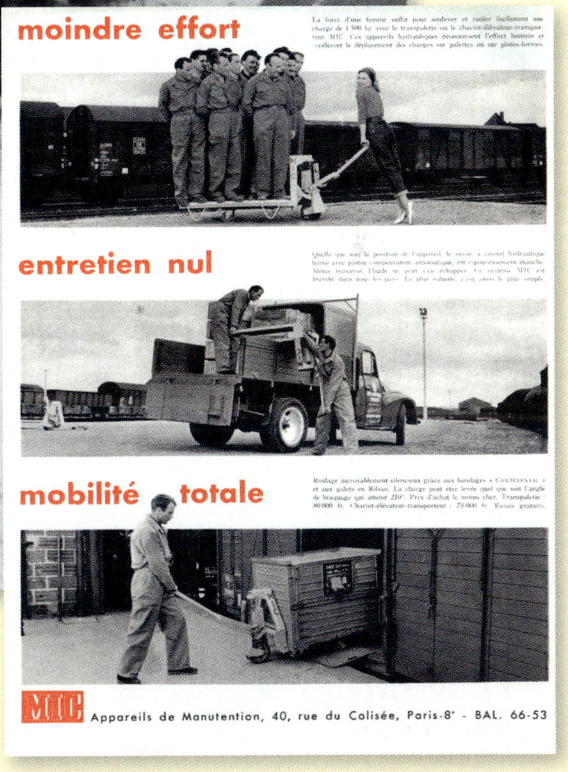

Pour décharger les caisses, il y a plus simple encore : le transpalette Mic !

Dans le Paris des années 1950, des tracteurs légers Far assurent la livraison en porte-à-porte des marchandises. La SNCF a crée plusieurs filiales vouées à ce service d'enlèvement et de livraison, notamment la SCETA, née en 1942 et qui absorbera Calberson en 1959.

CIÉTÉ NATIONALE DES
EMINS DE FER FRANÇAIS
1717
SNCF
POUR
TOUS
RENSEIGNEMENTS
ENLÈVEMENT A DOMICILE
DES BAGAGES ET DES COLIS
Téléphonez à LABORDE 92-00
MODE D'AUTOMNE * RENTRÉE DES CLASSES
U BON MARCHE
AMEUBLEMENT TAPIS D'ORIENT
9513
9513
4130
SOCIÉTÉ NATIONA
CHEMINS DE FER FR
MODE D
AU B
MAISON A. BOUCICAUT - PARIS
AME

Durant les années 1950, le transport routier devient un concurrent de plus en plus présent. Pour limiter les ruptures de charge et offrir un service de livraison direct, la SNCF propose alors le wagon à domicile (!) et initie le principe du rail-route. La première solution, fort peu pratique, n'aura guère d'avenir et la seconde, plus à même de répondre aux attentes, aura toujours du mal à se faire une place.

conservant une température basse aussi bien l'été que l'hiver) qui sont préalablement chargés de blocs de glaces et équipés d'un système de brassage de l'air pour diffuser le froid. Plus économique que de coûteux wagons réfrigérants, ce procédé est autorisé par la relative faiblesse des distances séparant les centres d'expédition et de réception des denrées périssables.

Par ailleurs, afin de mieux servir sa clientèle, la SNCF s'attache à poursuivre la mise en œuvre du concept rail-route. En effet, si la livraison ou le chargement dans une usine sidérurgique, une mine ou un centre de stockage pétrolier constituent des problèmes simples, il n'en va pas de même pour un petit colis livré à domicile, à commencer par la rupture de charge (déchargement et éparpillement des multiples marchandises contenues par un wagon) qui peut prendre plusieurs jours. Après la Seconde Guerre mondiale, la SNCF met donc sur pied un service de livraisons par camions, que facilite grandement l'utilisation de cadres de 1,2 ou 3 m^3 directement transbordables d'un wagon plat à un camion – ces ancêtres des conteneurs commencent à apparaître dès la fin des années 1940.

Plus rationnel encore, le rail-route proprement dit fait lui aussi ses débuts, sous forme d'une semi-remorque à simple essieu qui est donc apte à être acheminée par un camion-tracteur depuis son wagon de transport jusqu'à son point de livraison. Pour aller jusqu'au bout du concept, la SNCF teste également la remorque porte-wagon,

Ci-contre : accéder à la télévision est un rêve que peu de Français peuvent réaliser même à la fin des années 1950. A fortiori lorsqu'il s'agit d'une Téléavia, un modèle dessiné par Roger Tallon, un designer qui œuvrera ensuite sur les wagons Corail et le TGV.

La jeune Catherine a terminé sa soupe et semble en redemander. Durant les Trente Glorieuses, ces potages lyophilisés (à l'origine destinés aux rations de survie des militaires) dont le conditionnement permet de les transporter facilement en cartons, sont l'objet d'un grand engouement.

une remorque surbaissée qui transporte, tirée par un camion, le wagon en son entier jusqu'à sa destination finale. L'expérience prendra fin en raison des poids et gabarits trop importants des wagons.

Parallèlement, la mise en œuvre de ces nouveaux procédés entraîne le réaménagement des centres de triage, la modernisation de toutes les infrastructures de transbordement, ainsi que l'équipement d'entrepôts du froid pouvant recevoir la masse des denrées périssables qui s'élève, pour l'année 1949, à quelque 900 000 t. Grâce à ce transport sous température régulée, un Strasbourgeois est à même de goûter du poisson frais pêché dans la Manche et un Lillois de se régaler des oranges d'Afrique du Nord. Incontestablement, le rail a permis, de concert avec une industrie agroalimentaire naissante, de mieux nourrir les Français des Trente Glorieuses.

Pour la SNCF aussi, croissance et réussite semblent à l'ordre du jour. Dès le début des années 1950, le réseau a repris son activité d'avant-guerre et sa modernisation est en marche. Bref, l'avenir apparaît radieux…

Au début des années 1960, la traction électrique s'est définitivement imposée. Depuis 1957, la SNCF met en service les BB 9200 qui forment la matrice d'une grande famille de machines.

chapitre 3

Une nécessaire reconversion

Le 21 février 1954, à 12 h 36, sur la ligne électrifiée entre Beaune et Dijon, la locomotive CC 7121, une machine d'origine sans modification majeure, passe devant la gare de Vougeot à 243 km/h, établissant ainsi un nouveau record de vitesse mondial sur rail. Un peu plus d'un an après, une autre CC, la 7107, est chronométrée à 331 km/h entre Facture et Morcenx, dans les Landes. Cette fois, la vitesse a fait partiellement fondre le pantographe ! Qu'importe, il faut aller de l'avant ! Le lendemain, une BB 9004 atteint la même vitesse sur le même parcours. Cette fois, ce sont les rails qui ont mal encaissé la vitesse et se sont déformés au moment de la décélération. Ces records français, largement relayés par la presse, sont d'importance capitale pour la SNCF qui sait désormais que le matériel roulant est capable d'atteindre des vitesses très élevées, supérieures à 200 km/h. Ce saut de perspective va changer l'histoire du transport ferroviaire en France et donner le coup d'envoi au futur TGV.

Les BB 66000 ont la peau dure. Après des années de labeur au sein de la SNCF, un certain nombre de ces robustes machines servent désormais dans le secteur privé, telle cette monocabine appartenant à VFLI, une entreprise ferroviaire créée par la SNCF-Geodis.

Les débuts de l'électrification des lignes françaises ne datent pas des années 1950 et sont en réalité bien antérieurs. Mais revenons d'abord sur l'utilisation du courant électrique. L'électricité devient une industrie au début du XXe siècle, dès cette époque partagée entre deux systèmes concurrents : le courant continu et le courant alternatif. Le premier est dit continu parce qu'il circule continuellement dans le même sens. Le second est dit alternatif parce qu'il change perpétuellement de sens. On mesure ce changement de sens (fréquence) en hertz (Hz). Le courant alternatif possède l'avantage d'être moins sujet aux pertes d'énergie dans son transport, pour peu que soit mis en œuvre un équipement supplémentaire : le transformateur. On peut aussi moduler sa tension (exprimée en volts ; haute tension ou basse tension pour un usage domestique). Enfin, il peut être triphasé, c'est-à-dire composé de trois tensions déphasées entre-elles, ou bien monophasé, l'infrastructure nécessaire étant alors plus simple. L'alternatif sera le courant distribué dans chaque foyer par les prises électriques murales, alors que le courant continu restera l'apanage des piles, batteries et autres accumulateurs, les deux systèmes cohabitant pour les usages industriels et ferroviaires.

Deux types de réseaux électriques vont durablement s'implanter sur les rails français : en haut, une sous-station en 25 000 volts (50 hertz) sur la ligne Paris-Rennes et, en bas, une sous-station en 1 500 volts sur la ligne Paris-Lyon. Cette dernière constitue une installation plus conséquente et nécessite donc un plus gros investissement. Par contre, le courant électrique de 1 500 volts est plus simple à utiliser sur les machines.

Par rapport à la vapeur, les locomotives ou automotrices électriques ont un net avantage : elles démarrent dès la mise sous tension (il n'y a plus de temps de chauffe de la chaudière), elles sont très souples d'emploi et, dans les zones montagneuses, les grosses puissances fournies évitent le recours à plusieurs machines pour l'acheminement d'un unique train, ce qui est le cas dans la traction à vapeur.

Dès 1905, une première ligne est électrifiée aux États-Unis, entre New York et New Haven, par la société Westinghouse, chaude partisane du courant alternatif depuis qu'elle a acquis les brevets de Nikola Tesla (scientifique américain d'origine serbe) sur

Le pantographe capte du courant au moyen de son archet en contact avec la caténaire.

Passage dans la neige d'un train de marchandises que tracte une BB 8100. Ce type de locomotives conserve un pantographe en losange qui est typique des machines de l'entre-deux-guerres.

l'alternateur. De son côté, le grand adepte du courant continu qu'est Thomas Edison fonde la General Electric Co. En Allemagne, les sociétés Siemens (courant alternatif, brevet Siemens) puis AEG (courant continu, brevet Edison) réalisent des tramways et des rames automotrices très performantes. En France se retrouve la même dualité avec Schneider (brevet Westhinghouse) et la future société Alsthom qui est à ses débuts la Compagnie française Thomson-Houston, filiale française de la General Electric.

L'uniformisation du courant

Dans les premiers temps de l'électrification, avant que n'existe la SNCF, les compagnies ferroviaires optent chacune pour le système qu'elles jugent le meilleur ou le plus rentable, ce qui, on s'en doute, n'aboutira pas à une grande compatibilité des matériels électriques entre eux. Les lignes de la banlieue parisienne sont d'abord alimentées en courant continu de 650 volts (identique au métropolitain mais c'est ici un troisième rail qui alimente la ligne, et non pas une caténaire – le système du troisième rail latéral survivra jusqu'en 1976 sur la ligne de la Maurienne entre la France et

Deux motrices BB 8100 accouplées. Ces machines sont les premières à être commandées en grande série par la SNCF, juste après 1945. Initialement destinées à la ligne Paris-Lyon, elles vont peu à peu assurer des services mixtes. Robustes et polyvalentes, ces 1 500 volts ne seront radiées de l'inventaire SNCF qu'en 2003 !

BB - 8141
5
BB - 8141

Dans son numéro du 29 juillet 1962, le magazine* La Vie du Rail *évoque la passation de pouvoir entre la vapeur et l'électricité. Un mois auparavant, la BB 9242 a en effet inauguré la nouvelle ligne électrifiée Tarascon-Marseille.

l'Italie). Certaines lignes pyrénéennes de la Compagnie du Midi bénéficient très tôt de l'électricité, grâce à la production hydroélectrique des premiers barrages. Dans ces régions est choisi le courant alternatif monophasé de 15 000 volts à 16 2/3 hertz, tandis qu'entre Grasse et Cannes, la Compagnie PLM porte son choix sur un courant de 25 hertz.

En 1920, un comité d'étude est chargé de déterminer quel sera le meilleur courant pour les grandes lignes du futur. C'est finalement un courant continu de 1 500 volts qui est retenu, sur le modèle américain (les Allemands, ennemis défaits à l'issue de la guerre de 1914-1918, mais susceptibles de prendre une revanche, sont équipés en alternatif). Politique, donc, mais surtout technique (étant difficile de concevoir des moteurs capables d'absorber plus de 1 500 volts), cette décision oblige ainsi la Compagnie du Midi à changer ses infrastructures et son parc roulant électrique afin qu'il puisse fonctionner sous cette nouvelle tension. La liaison Pau-Tarbes est électrifiée en 1 500 volts en 1922, Paris-Vierzon en 1926, puis Paris-Le Mans en 1937. À la veille de la guerre, en 1939, Paris-Bordeaux et Paris-Toulouse sont en attente de passer au tout électrique. Seul *hic*, l'électricité domestique est de type alternatif. Il faut donc des convertisseurs ou des redresseurs pour le transformer en courant continu à la tension voulue. Des sous-stations sont aussi indispensables pour redonner un coup de fouet à l'électricité parcourant les lignes. On voit que, certes simple à mettre en œuvre et animant des moteurs tout aussi simples à concevoir, le courant continu demande par contre des sous-stations plus conséquentes au bord des voies. En outre qu'il nécessite des lignes de contact (caténaires) de taille importante. Avant le déclenchement du conflit, 3 500 km de lignes sont ainsi électrifiés. Une décennie plus tard, à l'orée de 1950, après une difficile

poursuite du programme pendant les années de guerre, l'électricité parcourt les transversales Bordeaux-Toulouse *via* Biarritz et s'étire jusqu'à Nîmes. À cette époque, les machines phares sont les BB *Midi* qui auront une très longue carrière et les grosses 2D2 – surnommées les « femmes enceintes », les « Watermann » ou les « nez de cochon » – qui parcourent les lignes de l'ancienne Compagnie PO (Paris-Orléans).

Il existe toutefois en France quelques notables exceptions à l'usage du courant continu. Si le courant alternatif a finalement cédé sa place au continu dans le Sud, il n'en est pas de même sur la transversale Nord-Est de Lille à Thionville. Sous l'impulsion de l'ingénieur Louis Armand et de la SNCF, cette ligne est en effet électrifiée entre 1954 et 1955 en courant alternatif de 25 000 volts et 50 hertz, après des essais probants sur la ligne Aix-les-Bains-Annecy-La Roche-sur-Foron. À l'avantage du courant alternatif : moins de surfaces de contacts (caténaire), peu de sous-stations et une infrastructure plus simple.

Les BB 12000 – les « fers à repasser » – sont les premières locomotives adaptées à ce type d'énergie. Grâce au courant alternatif monophasé, les BB 12000, très caractéristiques avec leur cabine centrale, sont capables de performances exceptionnelles : l'une d'elles démarre, sur une rampe de 11 pour 1 000 (dénivellation de 11 m sur une distance de 1 000 m) un train de 1450 t sans la moindre difficulté ! Ces machines vont être intensivement utilisées pour la traction de trains lourds de charbon et de minerais dans le bassin lorrain, à une époque où l'industrie sidérurgique connaît un nouvel âge d'or. Le courant monophasé fait aussi une percée dans le département du Doubs et la région Nord avec des extensions jusqu'aux gares du Nord et de l'Est à Paris. Et même la gare Saint-Lazare, puisque la ligne Paris-Le Havre, dernière grande ligne à être électrifiée en 1967, est équipée en 25 000 volts 50 hertz monophasé. Ces choix techniques entraînent l'apparition d'une nouvelle et populaire série de machines BB Jacquemin, du nom de l'ingénieur qui met au point

Page de gauche : la face plate et les formes anguleuses rappelant celles des encriers de la célèbre marque de stylos valent à cette série de 2D2 le surnom « Waterman ». Les 2D2 ont été conçues juste à la veille de la Seconde Guerre mondiale en tant que machines de vitesse destinées à la traction de rapides et d'express.

Ci-contre : une autre 2D2, cette fois dénommée « femme enceinte » à cause de son carénage aérodynamique avant très arrondi. Toute comme les autres 2D2, ces machines serviront longtemps sur la ligne Paris-Bordeaux puis Paris-Toulouse, en tête de trains rapides, puis de convois de marchandises.

les bogies moteurs à adhérence totale (tous les essieux sont moteurs) dont sont équipées ces machines. Les « Jacquemin » sont les fers de lance de la SNCF entre la fin des années 1950 et la fin des années 1970. Plusieurs sous-séries, aptes au 25 000 volts/50 hertz et au 1 500 volts seront mises en service en plusieurs tranches.

Sur les réseaux Nord et Est (parcourus par du courant alternatif), les BB 16000, élaborées par la société Matériel de traction électrique, font leurs premiers tours de roues en 1958 sur les lignes Paris-Lille et Paris-Strasbourg. Elles sont surtout destinées à la remorque de trains de voyageurs à 160 km/h, mais ne dédaignent pas non plus de tracter des wagons de marchandises. Alsthom construit ensuite la prolifique série des BB 16500 (294 exemplaires) qui, bien qu'inconfortables (les conducteurs les surnomment « danseuses » ou « savonnettes » car elles ont tendance à osciller sur leurs suspensions), remplissent parfaitement leur rôle. Moins rapide que les BB 16000, la 16500 est la matrice d'une grande famille de BB Jacquemin : les BB 8500, livrées dès 1964. Destinées aux lignes électrifiées en 1 500 volts, les BB 8500 sont équipées d'un réducteur leur permettant de rouler à 100 km/h à leur puissance maxi lorsqu'elles tractent des trains de marchandises, ou à 140 km/h pour le trafic voyageurs. Les BB 17000, un peu plus puissantes et conçues pour la liaison Paris-Le Havre, sont lancées en 1965.

Indéniablement, le courant alternatif, d'une mise en œuvre moins lourde, s'avérera nettement plus économique que le 1 500 volts. Mais, le développement de la traction électrique tendant à relier tous les points du territoire, la SNCF n'aura d'autre choix que de passer commande de machines bicourants ou polycourants, capables de fonctionner sous les deux systèmes électriques. Cette lignée de nouvelles BB sera mise au point au milieu des années 1960 avec les BB 20100, BB 25100, BB 25150, BB 25200 et 25500 aux formes très anguleuses, semblables à celles des BB Jacquemin.

À signaler que la livraison de ces machines s'étant achevée en 1976, nombre d'entre elles sont toujours en service en 2011. Âgées de plus de quarante années pour certaines, et avec des millions de kilomètres à leur actif, elles sont toujours à la tâche ! Même si celle-ci (traction de trains de fret ou de rames des TER et du Transilien) est moins noble que par le passé.

Première machine bicourant mise en circulation, la BB 20005 peut donc fonctionner aussi bien sous tension de 1 500 volts continu que de 25 000 volts monophasé.

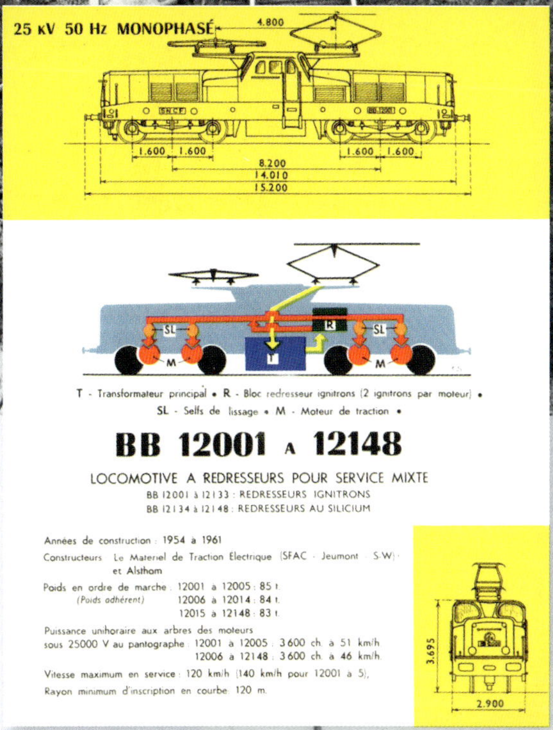

25 kV 50 Hz MONOPHASÉ

T - Transformateur principal • R - Bloc redresseur ignitrons (2 ignitrons par moteur) •
SL - Selfs de lissage • M - Moteur de traction •

BB 12001 A 12148

LOCOMOTIVE A REDRESSEURS POUR SERVICE MIXTE
BB 12001 à 12133 : REDRESSEURS IGNITRONS
BB 12134 à 12148 : REDRESSEURS AU SILICIUM

Années de construction : 1954 à 1961
Constructeurs : Le Materiel de Traction Electrique (SFAC - Jeumont - S-W) - et Alsthom
Poids en ordre de marche : 12001 à 12005 : 85 t.
(Poids adhérent) 12006 à 12014 : 84 t.
12015 à 12148 : 83 t.
Puissance unihoraire aux arbres des moteurs
sous 25000 V au pantographe : 12001 à 12005 : 3 600 ch. à 51 km/h.
12006 à 12148 : 3 600 ch. à 46 km/h.
Vitesse maximum en service : 120 km/h (140 km/h pour 12001 à 5),
Rayon minimum d'inscription en courbe : 120 m.

Ci-dessus, une BB 12000 en tête d'un train de houille en 1966. Dans la région Est, les BB 12000 ont aussi parfois assuré la traction de trains de voyageurs, comme en témoigne celle ci-dessous remorquant une rame inox en Moselle.

La fiche technique ci-contre énumère les principales caractéristiques d'une BB 12000 fonctionnant sous courant alternatif monophasé.

Paris-Marseille : le règne du 1 500 volts

En 1945, la ligne impériale Paris-Lyon-Marseille fait partie des grands projets de la SNCF. Dans un premier temps, celle-ci s'attaque à la prestigieuse liaison Paris-Lyon, longue de 512 km et la plus chargée du réseau avec, à cette époque, près de 124 trains quotidiens (trafic poussé à 156 trains en période estivale). Son besoin en énergie électrique est estimé à 400 millions de kW/h, ce qui va entraîner la construction du barrage de Génissiat, sur le Rhône, l'un des grands chantiers français de l'après-guerre. Son parc sera composé de 2D2 (sur le modèle des machines de l'ancienne Compagnie PO) aptes à remorquer des trains de voyageurs de 750 t à 140 km/h et de BB qui assureront le trafic marchandises et un renfort ponctuel en tête de trains express. L'électrification s'effectue d'abord entre Laroche-Migennes et Dijon, le reste du parcours (Paris-Laroche-Migennes et Dijon-Lyon, puis Lyon-Marseille) restant le domaine des machines à vapeur. Il faut alors sept heures pour relier la capitale nationale à celle des Gaules, et un total de dix heures et demie pour descendre jusqu'à l'ancienne cité phocéenne.

Lorsqu'elles sont mises en circulation, en 1949, la CC 7001 et la CC 7002 sont les machines les plus modernes de la SNCF. Leur configuration à trois essieux moteurs (adhérence totale grâce à six moteurs) est alors révolutionnaire.

Cette ligne est aussi empruntée par le Train automoteur rapide (TAR), un autorail initialement mis en service entre Paris et Lille par la Compagnie du Nord en 1934. Plus rapide,

Les BB 16000 (ci-dessous) et 16500 (ci-contre) sont des Jacquemin fonctionnant sous courant alternatif monophasé de 25 000 volts et 50 hertz. Les premières, plus puissantes que les secondes, auront été construites à 62 exemplaires pour la traction de trains de voyageurs dans l'Ouest, le Nord et le Nord-Est.

D'allure plus dépouillée que les BB Jacquemin, la 25500 de type bicourant entre en service en 1964. À haute vitesse, sa suspension avoue vite ses limites, la machine ayant tendance à gîter, d'où ses surnoms de « danseuse » ou de « savonnette ». Cette critique n'est d'ailleurs pas l'apanage de la BB 25500 et touche bon nombre de BB conçues par Alsthom.

mais avec une capacité de passagers plus faible, le TAR met Lyon à un peu plus de cinq heures de Paris. À partir de l'été 1950, l'électrification sans interruption entre Paris et Dijon étant achevée, les rapides gagnent une heure : le train 15 Paris-Lyon (ou 16 quand il s'agit du Lyon-Paris) tracté par les nouvelles 2D2 9100 dites « batteuses » ou « dragues » (5 015 ch et un poids de 144 t) met en effet seulement deux heures et trente-deux minutes pour parcourir la distance.
C'est à cette date que le train Paris-Marseille est baptisé *Mistral*. Dès 1952, la SNCF troque ses 2D2 (qui resteront en service jusqu'en 1987 !) contre les nouvelles CC 7100 – de la série de celle qui atteindra 331 km/h en 1955.

Le Mistral à l'époque de sa splendeur, fait la une du magazine Pilote en 1960. La machine est la CC 7139.

*Avec ses trains de prestige, la SNFC acquiert une image glamour presque inattendue, et l'actrice Michèle Morgan se prête volontiers à l'objectif du photographe pour illustrer la couverture de l'*Almanach du rail *1963.*

La voiture inox de 1re classe connaît une seconde révolution en 1965 avec l'introduction de nouvelles voitures DEV aptes à rouler à 160 km/h, dont onze voitures-bars très prisées car équipées d'une cabine téléphonique.
Un must pour l'époque.

Compétent et dévoué, le personnel de la SNCF est toujours là pour donner un coup de main lorsqu'il faut grimper à bord d'une voiture DEV inox.

Le *Mistral* devient en 1952 le train le plus rapide d'Europe. Son itinéraire dépasse désormais Marseille, jusqu'à Nice. Cette dernière portion du trajet s'effectue toutefois avec une machine à vapeur, car il faudra attendre 1962 pour que l'électrification atteigne Nice. Entre-temps, les CC 7100 auront tracté de superbes voitures DEV inox mises en service en 1956, aptes à rouler à 150 km/h et équipées de l'air conditionné.
En 1963, les CC 7100 cèdent la place aux BB 9200 plus légères et plus puissantes. Il s'agit des descendantes des prototypes 9003 et 9004 (cette dernière est codétentrice avec la CC 7107 du record des 331 km/h). Les BB 9200 sont conçues pour emmener des trains de voyageurs à 160 km/h. Avec leur puissance totale de 5 230 ch, elles vont être les reines des rapides Paris-Lyon-Marseille tout au long de la décennie 1960. Elles assurent également la traction de l'*Aquilon* un rapide de 1re classe entre Paris et Lyon. Numéroté 11 (ou 12 selon son sens de circulation), ce train pour hommes d'affaires comporte une voiture-restaurant et une voiture Pullmann. L'*Aquilon* disparaîtra, tout comme le *Mistral*, lors de l'apparition du TGV.
En 1965, les machines à vapeur sont retirées entre Marseille et Nice, la traction étant assurée par des locomotives diesel. Lorsque l'électrification totale du Paris-Nice est réalisée, en 1969, le *Mistral* est pourvu de nouvelles voitures DEV inox – les *Mistral 69* – plus confortables. Leur traction est alors confiée à des CC 6500 de plus de 8 000 ch.

Le premier train électrique reproduit par Jouef est le Sud Express représentant une BB 9003 et deux wagons inox. Très rapidement, la BB 9003 du coffret est remplacée par une BB 9004. Celle des records, bien sûr!

Les BB 9003 et 9004 ont permis de valider la conception à deux essieux à adhérence totale en expérimentant le bogie dit Jacquemin, du nom de son inventeur.

Malgré son air rustique, le poste de conduite est nettement plus confortable que les cabines des machines à vapeur contemporaines.

La 9004 lors de son record de vitesse à 331 km/h le 29 mars 1955 dans les Landes (seul endroit du réseau présentant une ligne droite suffisamment longue pour atteindre cette vitesse). La veille, la CC 7121 a elle aussi atteint les 331 km/h. En fait, les deux locomotives n'étant pas en compétition, le chiffre officiel (mais bien réel) de 331 km/h est attribué aux deux machines pour ne pas à avoir à les départager. Le succès est retentissant, car il prouve que l'on peut circuler à 160 km/h, voire 200 km/h, avec une relative marge de sécurité. Petit bémol toutefois, les pantographes des machines ont partiellement fondu et la voie s'est retrouvée complètement déformée!

BB-9004

La BB 9004 des records. On remarque le grillage de protection du pare-brise destiné à protéger le vitrage à très haute vitesse et les formes arrondies de la machine. Les formes de la carrosserie, très en vogue dans les années 1950, sont inspirées des productions automobiles américaines.

Entretien des locomotives CC 14000 à courant alternatif dans les ateliers d'Hellemmes, près de Lille.

Ce trio de locomotives fonctionnant sous tension alternative représente le nec plus ultra *de la SNCF à la fin des années 1950. De gauche à droite : une BB 16500 (avec double engrenage permettant une vitesse haute et une vitesse plus lente pour le trafic des marchandises), une BB 1600 (taillée pour la traction de rapides) et une BB 12000 alias «fer à repasser», conçue à l'origine pour la remorque de trains miniers lourds dans le bassin lorrain.*

Les deux codétentrices du records à 331 km/h en mars 1954 : la CC 7101 et la BB 9004 photographiées côte à côte. La série des 7100 connaîtra un très grand succès à l'exportation, l'Espagne achetant ainsi près de 136 de ces machines et l'URSS quelque 50 unités, sans compter les acquisitions réalisées par la Chine (66 exemplaires), le Maroc et les Pays-Bas (15 machines).

Une 2D2 et une CC 7100 (à peine visible en arrière plan) encadrent une BB 9200 en gare de Dijon. Introduite en 1957, la BB 9200 est, dès sa mise en service, une incontestable réussite. Elle pèse respectivement 65 t et 30 t de moins que les deux autres machines, mais est capable de développer davantage de puissance.

Le *Capitole* ou le voyage à 200 km/h

Au tournant des années 1960, la France entre dans une nouvelle ère. Fini le temps de la reconstruction d'après-guerre, vive la consommation ! Dès 1958, l'indice de la production industrielle double par rapport à celui de 1938 et la croissance flirte avec les 13% par an. Les pénuries de l'Occupation semblent bien loin. Une nouvelle classe moyenne est alors en pleine expansion, marquant aussi la fin de la France des notables. Dans les campagnes, le docteur n'est plus le seul à circuler en automobile et l'on voit des chefs d'entreprise issus de nouvelles industries (chimie, plastique, ameublement, équipement électroménager) au volant de la moderne Citroën DS ou de la récente Peugeot 404. Les femmes s'habillent en tissus synthétiques Rilsan, en velours Sporvel et enfilent des imperméables Blizzard conçus par le roi du textile Boussac. Elles se font belles grâce aux savons Lux ou Gamay et se coiffent par la magie des laques Set de Pantène ou Roja-net. Dans les cuisines habillées de Formica et au sol recouvert de Linoleum trônent désormais un réfrigérateur Frigidaire et une cuisinière Far, mais sans le prestige, toutefois, de la télévision Radiola qui devient le centre de la vie familiale. La boîte à images n'équipe certes qu'à peine 13 % des ménages français, mais ce taux progresse tous les ans ! Déjà l'on cherche à gagner du temps (la chronopathie est en marche !), alors on consomme de plus en plus des potages lyophilisés Royco et des desserts Mont Blanc.

En 1960, la SNCF cherche elle aussi à aller toujours plus vite. Elle expérimente d'ailleurs les très grandes vitesses – jusqu'à 250 km/h – et demande la réalisation de deux prototypes de BB 9200. Ces 9291 et 9292 livrées entre 1963 et 1964 atteignent effectivement les 250 km/h et engendrent une lignée de machines tout de rouge vêtues, les « BB rouges » du *Capitole*. Entré en service dès 1960, ce train reste d'abord limité à une vitesse de 150 km/h. Sa fréquentation demeure elle aussi moyenne, jusqu'à l'apparition, en 1967, des motrices BB 9200 spécialement modifiées qui vont lui donner un essor considérable. Le *Capitole* est en effet le premier train français à franchir la barre des 200 km/h.

Peugeot 404 ou Citroën DS? Au début des années 1960, l'automobile s'embourgeoise. Il est loin le temps des tacots : place à la vitesse et au confort. C'est une invitation pour l'homme moderne à s'individualiser encore plus. La voiture commence à sérieusement concurrencer le transport ferroviaire.

Les années de l'après-guerre font rentrer la France dans l'ère du consumérisme. C'est l'âge d'or des tissus Boussac, des lunettes Sol-Amor et des cuisinières Far.

Au total, six BB 9200 seront mises en service, arborant fièrement sur leur face avant une plaque émaillée frappée au nom du train en lettres gris argenté sur fond rouge. Les machines sont elles aussi peintes en rouge avec un bandeau gris dauphin, décoration qui est répétée sur les nouvelles voitures UIC A9 (toutes de 1re classe) adaptées aux grandes vitesses. Ces jolis wagons comptent une voiture-restaurant (VRU) et une voiture-fourgon (A7d), elles aussi décorées d'un motif *Capitole* en laiton poli.

La mode des noms évocateurs touche de fait les chemins de fer français, et la liste restituée ici est loin d'être exhaustive tant la chose prend de l'ampleur : vers le Sud-Ouest circulent, outre le *Capitole*, l'*Aquitaine* (Paris-Bordeaux), l'*Étendard* (Paris-Irun) ou le *Limousin* (Paris-Brive) ; l'Est voit passer les *Stanislas* et *Kléber* (Paris-Strasbourg), l'*Arbalète* (Paris-Bâle-Zurich), le *Mozart* (Paris-Strasbourg-Vienne) ou le *Rouget de l'Isle* (Strasbourg-Marseille-Nice) ; le Nord possède pour sa part le *Molière*

Dans un publi-reportage consacrée à la ville de Toulouse, le train **Capitole** ***et ses belles voitures rouges posent complaisamment dans la gare de la ville rose.***

La division transports d'Alsthom est, après 1945, l'un des plus gros constructeurs français de locomotives. C'est un peu une tradition, puisque la firme Alsace-Thomson, l'ancienne Société alsacienne de construction mécanique, a débuté à Mulhouse dans la construction de locomotives à vapeur. C'est en s'associant avec Thomson-Houston qu'elle a découvert l'électricité et s'est par la suite orientée vers la production de locomotives électriques.

(Paris-Cologne) la fameuse *Flèche d'Or* (Paris-Calais maritime) ou le *Lys de France* (Paris-Lille) ; la façade maritime ouest est celle de l'*Albatros* (Paris-Le Havre), du *Noroît* (Paris-Rouen-Dieppe), du *Jules Vernes* (Paris-Nantes) ou du *Goéland* (Paris-Brest) ; la région Sud-Est, enfin, est quant à elle la plus riche avec une trentaine de trains rapides dont bien sûr le *Mistral* (Paris-Nice), mais aussi le *Ligure* (Avignon-Nice-Milan), l'*Arverne* (Paris-Clermont-Ferrand), le *Parthénon* (Paris-Brindisi) ou l'*Esterel* (Paris-Vintimille).

Au départ de la gare d'Austerlitz, le *Capitole* part d'abord à 18 h et rejoint Toulouse à minuit, mais le succès est tel que la SNCF met finalement en service un second train partant à 7 h 30 de Paris. À compter de 1970, les belles BB 9200 sont remplacées par des CC 6500 attelées aux nouvelles voitures Grand confort (assez proches des DEV inox *Mistral 69*, mais réalisées en acier. Le *Mistral* et le *Capitole* sont alors incontestablement les plus beaux trains qui circulent en Europe, leur confort n'ayant rien à envier aux trains de 2011. Ils bénéficient de surcroît d'une véritable voiture-restaurant, d'une voiture-bar, d'un secrétariat – et même d'un salon de coiffure dans le cas du *Mistral* – et d'un service d'hôtesses à l'image de ce qui se pratique à bord des avions commerciaux.

Le train à l'heure de l'Europe

Le 25 mars 1957 est signé le traité de Rome qui marque la naissance de la Communauté économique européenne, entre autres voulue par deux anciens adversaires qui se sont sauvagement battus trois fois en moins d'un siècle : la France et l'Allemagne. Cet événement est à peu de chose près simultané à l'arrivée du général De Gaulle au pouvoir. Si De Gaulle incarne l'esprit de la Résistance, il ne plaît pas toujours au monde des cheminots, largement acquis à la cause communiste. Mais, en dépit des

Les 060 DB (futures CC 65000) oeuvrent d'abord dans l'Ouest (Nantes-Bordeaux, La Rochelle-Poitiers ou encore Angoulême-Royan). Besogneuses, elles sont d'une puissance assez limitée, ce qui nécessite parfois le renfort d'une seconde locomotive pour la traction de convois lourds.

À partir de la seconde moitié des années 1960, la SNCF cherche à fidéliser ses clients en proposant ses premières cartes demi-tarifs. Il faut dire que, depuis 1945, le prix des billets a fait un bond en avant.

Toujours aux petits soins de sa clientèle, le personnel de la SNCF soigne même les petits maux grâce à Aspro !

La voiture inox (au second plan) est toujours la voiture de luxe sur les grandes lignes. Quant aux voitures dites UIC (type Y, au premier plan), il s'agit de voitures mises en service à partir de 1963 sous l'égide de l'Union internationale des chemins de fer. D'abord entièrement vertes, elles reçoivent en 1970 une livrée bicolore avec bandeau gris métallisé et peuvent rouler à 160 km/h. On en verra circuler un peu partout avant l'arrivée massive des voitures Corail.

intentions que certains lui prêtent, le Général ne cédera jamais à la tentation de la dictature (le fameux « Mais pourquoi voulez-vous qu'à soixante-sept ans, je commence une carrière de dictateur ? » qu'il lance aux journalistes lors d'une conférence de presse).

En attendant, et malgré les événements en Algérie, la France retrouve son rang de grande puissance et ses ressortissants commencent à récolter les fruits des dures années de la reconstruction d'après-guerre. Les affaires reprennent et les nouveaux patrons souhaitent pouvoir signer des contrats avec l'étranger. Dans ce contexte, le train semble promis à un bel avenir, sur ce petit continent européen qui, bien que l'avion y fasse une percée timide pour relier ses capitales, est loin d'être comparable à l'immensité des États-Unis. La SNCF continue à se moderniser et rationalise ses besoins. Le nombre de types de locomotives à vapeur en service chute sensiblement, les plus vieilles étant mises à la retraite par séries entières. En général, 300 unités modernes électriques sont chargées d'en remplacer 1 000 à vapeur !

Dans toute l'Europe, une nouvelle dynamique s'instaure. À l'image de la CEE est créé en 1957 le TEE ou Trans Europ Express, une première tentative d'unification européenne ferroviaire : chaque pays dispose de son propre matériel, mais doit répondre à un cahier des charges défini en commun. La France, l'Allemagne, l'Italie, la Hollande et la Suisse y adhèrent. Le Trans Europ Express est avant tout un train d'hommes d'affaires, uniquement de 1re classe. Les voitures ou les rames ne doivent pas présenter plus de trois places de front et un service de qualité règne à bord, le tout à une vitesse de 140 km/h. Les trains du TEE arborent tous une livrée à caisse rouge et bandeau crème. Pour le passage aux frontières, les formalités sont simplifiées mais nécessitent parfois des arrêts afin que les agents des douanes puissent monter à bord et procéder aux vérifications.

Jusqu'en 1964, les disparités des lignes électrifiées en Europe – ou leur absence – obligent à employer des machines diesel à moteur thermique à combustion interne. On voit donc

À la concurrence de l'avion et de la voiture, la SNCF réplique avec la mise en place de trains-couchettes complétés par des fourgons-porte-autos : la solution idéale pour partir loin avec sa voiture, sans se fatiguer. Le succès de la formule restera toutefois limité à cause d'un prix très souvent hors budget pour une famille partant en vacances.

Avec l'Europe et l'ouverture progressive des frontières, le voyage ferroviaire s'européanise grâce au TEE (Trans Europ Express) qui met en œuvre des rames rapides reliant directement des grandes villes d'Europe entre elles. Ci-contre le Cisalpin *Paris-Milan.*

la mise en service d'autorails rapides comme les RGP (rames à grand parcours) *Île de France* de la SNCF (Paris-Bruxelles-Amsterdam) ou les splendides rames automotrices VT 11 *Parsifal* de la DB (Deutsche Bahn) allemande (Paris-Ruhr). Le *Mont Cenis* relie Lyon à Turin puis Milan, l'*Arbalète* étant assigné à la ligne Paris-Zurich, etc. Sans compter les nombreuses liaisons qui ne passent pas par la France, comme le *Gottardo* entre Zurich et Milan. Des lignes de prestige nationales sont aussi intégrées au TEE, ce qui est le cas du *Mistral* en 1965 et du *Capitole* cinq ans plus tard), tandis que d'anciennes liaisons internationales obtiennent également le label TEE, telle l'*Étoile du Nord* (Paris-Bruxelles-Anvers-La Haye-Rotterdam-Amsterdam). En 1972, ce sont près de 45 trains internationaux qui sillonnent le continent !

L'électrification de l'Europe impose la mise en service d'une nouvelle génération de machines polycourants comme, en France, la CC 40100 bicourant quadritension capable d'emprunter les réseaux français, belge, néerlandais et allemand. Cette machine unique, sans équivalent jusqu'à l'apparition des TGV des années 2000, mais très onéreuse à entretenir, n'a été produite qu'à dix exemplaires pour assurer les trains TEE l'*Étoile du Nord*, *Île de France*, *Oiseau Bleu* et *Brabant*.

*Une belle rame RGP (Rame à grand parcours) de la SNCF en pleine vitesse. Les rames RGP TEE sont exclusivement de 1re classe. À l'inverse de leur numérotation, il s'agit d'abord de rames RGP2 dotées de deux moteurs Renault de 300 ch et, par la suite, également de RGP1 à moteur unique MGO de 825 ch. En service international, la RGP1 assurera la ligne Paris-Zurich (train l'*Arbalète*), Paris-Bruxelles (l'*Étoile du Nord*) ou encore Lyon-Turin (le* Mont-Cenis*).*

Page de gauche : machines spécialement dédiée au trafic international, les CC 40100 construites par Alsthom peuvent fonctionner sous quatre tensions de courant différentes. Elles sont donc utilisables pour la traction en France, en Belgique, en Allemagne et aux Pays-Bas. Mais en pratique, elles n'auront finalement parcouru que des lignes franco-belges, seuls 10 exemplaires ayant été assemblés. La SNCB (Société nationale des chemins de fer belges) réalisera six machines identiques pour ses trains Paris-Bruxelles-Cologne. Avec leur livrée inox rappelant les voitures destinées aux liaisons internationales, ces puissantes mais coûteuses machines céderont la place aux trains Thalys *dans la seconde moitié des années 1990.*

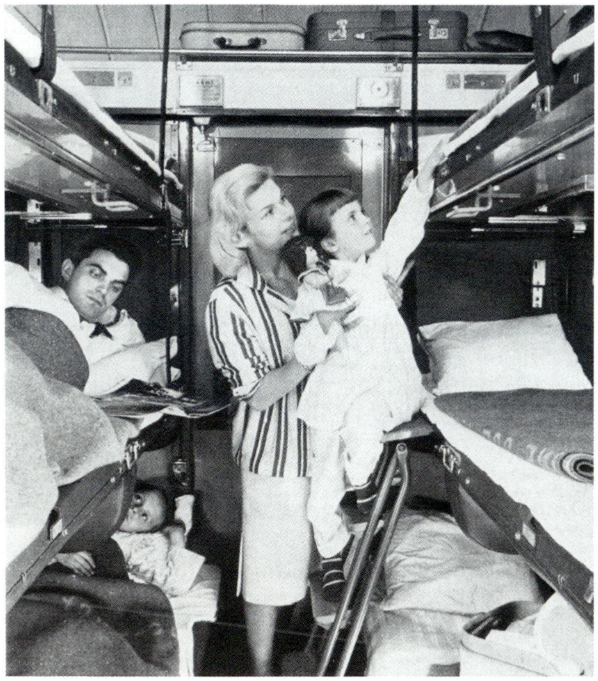

La place est comptée dans un compartiment-couchette. Mais, en 2e classe, on peut tout de même s'y entasser à six.

C'est aussi en cette an 1957 voyant naître l'Europe qu'est testé avec succès le premier train auto-couchette (TAC) entre Boulogne-sur-Mer et Lyon. L'union de la voiture et du train peut sembler contradictoire à cette époque où l'on ne cesse d'étaler du bitume sur les routes françaises et où l'on déroule les premières autoroutes, mais ce réseau autoroutier n'en est qu'à ses balbutiements : l'A6 ne sera ouverte qu'en 1960 entre Paris et Le Coudray-Monceaux soit… 34 km ! Emporter sa Renault Dauphine ou sa Simca Élysée nouvellement acquises sur un wagon semble finalement séduire 18 000 Français en 1957. En 1962, ils seront 58 000 à voyager en compagnie de 20 000 voitures. Ce système trouve surtout sa clientèle en été, pour rejoindre directement les gares du Sud : plutôt que passer douze à quinze heures sur la route en plein soleil, dans un habitacle exiguë et surchauffé, voyager de nuit dans un train-couchette apparaît la solution idéale. Mais le coût élevé de cette prestation va finalement limiter son intérêt lorsque les automobiles deviendront plus performantes et le réseau routier plus adapté.

En 1re classe, l'accueil réservé à ce couple voyageant en train auto-couchette est tout autre. L'uniforme de l'employé de la CIWL, couleur chocolat rehaussé de galons rouge et or rappelant les teintes du train Flèche d'or, *est impeccable. Un passager, qui a déjà enfilé une veste d'intérieur, observe placidement la scène.*

La grande famille des autorails prend son essor durant l'entre-deux-guerres. Renault devient l'un des principaux fournisseurs de rames avec le VH puis l'ABJ que l'on voit ici. Grâce à ses motorisations diesel, le constructeur aura été très présent dans le secteur ferroviaire durant les années 1930.

Quand le diesel achève la vapeur

Tout au long des années 1950 et jusque dans les années 1960, à la différence des grandes lignes voyageurs qui bénéficient des derniers matériels roulants – locomotives électriques, voitures inox, voitures UIC (Union internationale des chemins de fer) pour le trafic international et voitures USI (Unifiées pour le service intérieur) pour le trafic national –, les dessertes locales et certains transports de marchandises sont largement assurés par des locomotives à vapeur. Mais, dès 1961, on ne voit plus les panaches de fumée et de vapeur s'élever au-dessus de l'immense dépôt de La Chapelle, bien qu'une poignée de 141 R restent encore un temps affectées en quelques endroits, notamment sur la Côte d'Azur.

Depuis la fin des années 1940, le réseau secondaire est de plus en plus parcouru par des machines à moteur à combustion interne : autorails et locomotives diesel-électriques.

De Dietrich est un nom indissociable de l'histoire de France industrielle. Mais l'on connaît moins son activité ferroviaire. La marque a pourtant réalisé de nombreux autorails concurrents des Renault, en optant pour une motorisation double. En 1939, la marque propose un autorail de 640 ch que le déclenchement de la guerre empêchera de faire ses preuves. Cet exemplaire en couverture d'un numéro de La Vie du Rail *de 1952 est destiné aux Chemins de fer algériens.*

avec un compartiment cuisine. Confortables, certaines de ces RGP, nous l'avons vu, relèvent du TEE avec une unique 1re classe. Les autres servent sur les lignes transversales Lyon-Bordeaux, Bordeaux-Toulouse, Lyon-Strasbourg, ou au départ de Paris.

Mais la France des autorails n'est pas uniquement faite de rames à grand parcours. Dès le lendemain de la Seconde Guerre mondiale, la SNCF cherche à rationaliser ce parc. Trois catégories sont retenues : les autorails de 150 ch et moins, ceux de 300 ch et ceux de 500 ch et plus. Quelques temps plus tard, des protestations se font entendre dans la banlieue nantaise suite à la décision

Le « Picasso » (X 3800 dans la nomenclature de la SNCF) est le petit autorail diesel de la France profonde des années de l'après-guerre. Cette sorte d'autobus sur rail fait partie d'une série d'autorails unifiés (un même type construit par plusieurs usines). Très populaires (plusieurs exemplaires ont été conservés), ils ont été radiés en 1988.

Chefs de file des autorails rapides, les rames à grand parcours (RGP) viennent compléter une grande famille d'autorails datant des années de l'entre-deux-guerres. De fait, les prestigieux mais peu économiques Bugatti reprennent du service au côté des De Dietrich ou des Renault ABJ et ABV. Ces ensembles automoteurs, particulièrement rapides, font merveille sur la ligne Paris-Bruxelles. Mais ils commencent à vieillir. Les premières RGP entrent en service en 1954. Elles se composent d'une automotrice nantie de deux moteurs Renault de 300 ch ou d'un moteur MGO de 825 ch, et d'une remorque

L'autorail X 2400 de 600 ch vient épauler le « Picasso » dès 1951. Lui aussi est un unifié. Doté de deux moteurs Renault, il a été construit à 79 exemplaires.

Livré à partir de 1963, l'autorail X 4300 est composé de deux caisses (l'une motorisée, et l'autre n'étant qu'une remorque). Tout comme ses frères, il adopte la livrée rouge et crème mais s'avère plus moderne et, surtout, d'une capacité en passagers presque double de celle des X 2400. Surnommé «Caravelle», le X 4300 effectue des liaisons de 50 à 100 km à travers la France. Une grande part des 151 exemplaires assemblés subiront une profonde refonte au début des années 1980.

Page de droite : les autorails bi-caisses X 4300 (ou EAD) sont souvent accouplés en unités multiples (UM) pour former des rames à grande capacité de voyageurs.

À rebours de son apparence banale et presque fluette, l'autorail monocaisse X 2800 est un pur-sang. Fort de 825 ch, il est à partir de 1957 le plus puissant des autorails français. Conçu pour affronter les reliefs difficiles, le X 2800 donnera naissance à une automotrice électrique, la Z 7100.

de fermer des petites dessertes secondaires, la fronde étant menée par les cheminots de la Fédération nationale des cheminots (FNC) eux-mêmes. Pour répondre à leur attente, la SNCF fait étudier par la société Billard la possibilité de produire un petit autobus sur rail. C'est ainsi qu'une nouvelle classe de machines de 80 ch est intégrée au programme des autorails. La gestation de ces matériels dits unifiés sera longue. Enfin, le X 5600, bien évidemment surnommé « le billard », débute sa carrière en 1947. Produits jusqu'en 1953 à 62 unités, ces X 5600 qui présentent un poste de conduite décalé sur la gauche sont couplables entre eux et peuvent tirer une remorque fourgon. Leur capacité est de 43 passagers assis.

Dans la classe des 150 ch, les X 5500 et X 5800 surnommés les « Mobylette » transportent jusqu'à 60 personnes, la classe des 300 ch étant constituée par le fameux X 3800 « Picasso », ainsi nommé à cause de son poste de conduite surélevé et décalé qui évoque les représentations dissymétriques du maître espagnol. Le « Picasso » aura été construit à 250 exemplaires répartis entre la Régie Renault, De Dietrich et les Ateliers du Nord de la France (ANF).

Dans la classe des 500 ch et plus, le X 2400, un peu plus grand que le « Picasso », est capable d'assurer son service à une vitesse de 120 km/h. Au-dessus, le X 2800 constitue le sommet des autorails unifiés. Mis en service à partir de 1957, il est, avec ses 825 ch (moteur identique à celui des RGP), beaucoup plus puissant et apte à parcourir de longues distances ainsi qu'à faire bonne figure sur les reliefs difficiles. Dotés de la réversibilité, (un poste de conduite à chacune des deux extrémités de la rame, de façon qu'elle puisse

En 1954, les premières RGP (rames à grand parcours) instaurent de nouveaux standards dans le monde des autorails rapides.

Le beau X 2400 panoramique, avec son habitacle de 1re classe surélevé au-dessus du moteur, l'inamovible MGO de 825 ch.

Les moteurs MGO sont indissociables de la traction diesel française des années 1950 et 1960. Construits par la Société alsacienne de construction mécanique (qui devient Alsthom en 1969), ces propulseurs ont permis d'accéder aux grandes puissances en évitant le recours à plusieurs moteurs, ce qui, jusque là, constituait le seul moyen pour espérer dépasser les 600 ch.

circuler dans les deux sens sans manœuvre préalable) les 119 exemplaires produits par la Régie Renault et Decauville parcourront toute la France (sauf le Nord). Durant leur très longue carrière (jusqu'en 2009 !), il n'est sans doute pas un seul Français qui ne les ait empruntés.

Enfin, nous ne pouvons évoquer le petit monde des autorails unifiés sans évoquer le X 4200, un magnifique autorail à deux étages et poste de conduite réversible dont la partie surélevée à toit vitré panoramique est réservée aux 44 passagers de 1re classe. Ces derniers disposent de sièges pivotants pour admirer le paysage dans le sens de la marche, un luxe apprécié sur ces autorails circulant dans les belles contrées de la vallée du Rhône, des Alpes ou de l'Auvergne.

La traction diesel-électrique

L'autorail à moteur diesel est une réponse au transport de passagers sur de courtes et moyennes distances. Il n'apporte en revanche rien à la problématique de la traction lourde. C'est à d'autres matériels que la SNCF va faire appel pour valider le concept de la locomotion diesel. Les premiers tests ont lieu au début des années 1950 dans la région Centre, autour des dépôts d'Étampes et d'Orléans où sont distribuées les premières machines diesel, d'abord les locomoteurs Y 9100 avec leur livrée verte rehaussée de bandes jaunes. Ces engins à deux essieux, bien que puissants de 400 ch seulement, sont appréciés pour leur facilité de mise en route et leur polyvalence.

La SNCF avait déjà réceptionné, dès 1946, des machines d'origine américaine, les A1AA1A (qui deviendront les BB 62000 en 1962) puis les 030 DA (C 61000), des locomoteurs à trois essieux avec bielle, accouplés avec un *truck* moteur, une sorte de tender moteur à trois essieux servant de réserve de carburant. Plus imposantes, les 040DE (futures BB 63000) mises en service à partir de 1957 disposent d'un moteur diesel-électrique MGO.
Le principe du moteur diesel-électrique est simple : un moteur diesel entraîne une génératrice qui fournit de l'électricité à quatre moteurs de traction. Il en résulte une souplesse d'emploi difficile à obtenir avec un moteur à combustion interne et une trans-

mission classique (mécanique ou hydromécanique). Les bogies sont à adhérence totale (tous moteurs) et offrent donc un pouvoir de traction élevé malgré une puissance développée un peu limitée.

En 2011 encore, la BB 63000 et ses sous-variantes (essentiellement assemblées par la firme Brissonneau & Lotz) demeurent les machines à avoir été les plus produites – plus de 1 200 exemplaires. Elles ont été affectées à presque toutes les tâches (trafics marchandises, voyageurs, mixte, desserte locale, manœuvre dans les gares, etc.) Certaines ont même été acquises par des sociétés privées (mines de potasse en Alsace, houillères du Nord...) et ont été largement exportées. Robustes et polyvalentes, elles restent actives en 2011,

Ci-dessus : bonne à tout faire de la SNCF, la 040 DE (rebaptisée à partir de 1962 BB 63000) est une diesel-électrique très commune, qui remplace vite les machines à vapeur sur l'ensemble du réseau à voie normale.

Autre constructeur de matériel ferroviaire, la Compagnie des ateliers et forges de la Loire est entre autres chargée de concevoir les 060 DA (futures CC 65500), des motrices diesel-électriques pour le service des marchandises. Datant de 1955, elles vont servir un demi-siècle, les dernières remorquant des trains de travaux lors de la construction des lignes à grande vitesse (LGV).

Voici un «sous-marin», surnom donné aux CC 65000 qui débutent leur carrière en 1957 sous la dénomination 060 DB. Ces imposantes diesel-électriques de ligne, les premières du genre, vont rayonner quelques années dans l'Ouest non encore électrifié.

En haut : vue des CC 65000 à La Rochelle, leur dépôt jusqu'à ce qu'il ferme au début des années 1970, ces machines étant alors transférées à Nantes.

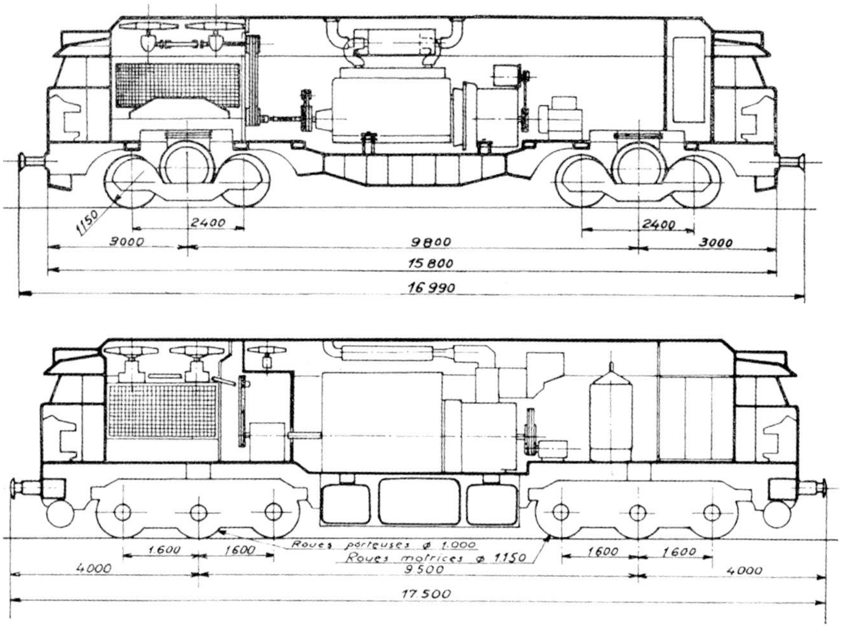

Diagrammes d'une BB 67000 et d'une A1AA1A 68000, deux machines diesel-électriques. Logé au centre de la machine, le moteur diesel entraîne une génératrice qui produit de l'électricité pour plusieurs moteurs placés dans les bogies. La A1AA1A est équipée d'origine d'une chaudière permettant le chauffage des voitures tractées.

même si leurs mises à la retraite (radiations) se sont accélérées dans les années 2000. La 63000, avec son poste de conduite asymétrique caractéristique, a aussi donné naissance à une belle famille de diesel-électriques, celle des 040 DG (devenues en 1961 les BB 66000) plus puissantes mais construites à seulement 313 unités.

Aussi simple qu'économique, la BB 63000, alias la « 2 CV », aura largement contribué à l'éradication des dernières poches de résistance de la vapeur en France et à moderniser la traction sur les lignes où l'électrification ne se justifiait pas. Mais il est cependant à souligner qu'en terme de puissance pure, les machines diesel ne remplacent pas une machine à vapeur type 241 P. Cette dernière était en effet forte de 4 000 ch, alors qu'une 040 DG, par exemple, n'excède pas les 1 400 ch ! Deux 040 DG sont donc au minimum nécessaires pour réaliser, avec une vitesse moyenne moindre, le même service ! Mais, pour la SNCF comme pour l'ensemble des Français, il est alors impossible de faire marche arrière. Le progrès passe inexorablement par l'abandon de la vapeur, tout comme nos concitoyens adoptent sans sourciller les nouvelles HLM si décriées par la suite, préfèrent le chauffage central à l'écologique poêle à bois, et les raviolis en boîte plutôt que les légumes frais…

Les diesel de ligne

Pour la traction de trains lourds, les Services des études des autorails et de la traction diesel (DEA) de la SNCF vont se concentrer sur des machines de plus de 2 000 ch, les grosses CC 65500 en configuration à deux bogies de trois essieux qui, à leurs débuts, sont baptisées 060 DA dans la nomenclature de la SNCF. Cette motrice à moteur unique Sulzer de 2 000 ch (dont le vrombissement caractéristique lui vaut le surnom de « doryphore » ou de « Dakota », en référence à l'avion DC-3 Dakota) est commandée en 1952 et mise en service en 1955. La CC 65000 (060 DB) suit en 1957. Ces CC 65000 – ou « sous-marins », en raison de leurs formes plus rondes – sont nanties de deux blocs diesel rapides (1 500 tr/mn contre 700 tr/mn pour les CC 65500). De type diesel-électrique – elles comportent six moteurs électriques de traction, soit un sur chacun des trois essieux de leurs deux bogies –, ces machines de plus de 100 t vont assurer un honorable service jusqu'à la fin des années 1980. Certaines seront même mises à contribution jusqu'en 2005 pour la traction de trains de travaux, notamment lors de l'édification des lignes à grande vitesse !

En 1963 apparaissent les A1AA1A 68000 et 68500 à moteurs diesel Sulzer ou AGO de plus de 2 000 ch, mais uniquement quatre moteurs électriques par bogie – d'où leur codification de type, le *A* signifiant essieu moteur et le *1* essieu porteur. Disposant de leur propre chaudière pour le chauffage d'hiver des voitures, ces diesel-électriques sont dues au crayon de Paul Arzens qui a été à l'origine du dessin de 80 % des locomotives électriques et diesel françaises. Elles sont épaulées par la prolifique série des BB 67000 – toujours en service en 2011 – dont la ligne est très proche. Toutes ces diesel de ligne présentent une même et très caractéristique livrée bleu et blanc dite Arzens.

Outre la configuration à deux essieux, les BB 67000 se distinguent de leurs grandes sœurs A1AA1A 68000 et 68500 par l'absence de chaudière, ce qui nécessite d'ajouter en hiver un fourgon chaudière pour climatiser les voitures. Mais arrivent ensuite les 67300 et 67400 qui, avec leur dispositif de chauffage électrique des rames, permettent la suppression du fourgon chaudière et relèguent les premières 67000 à la traction de trains de marchandises.

À la faveur des progrès techniques fulgurants des années 1960, les ingénieurs d'études s'aperçoivent que les machines à deux bogies de deux essieux type BB, qui accusent un poids de 80 t environ, sont aussi puissantes que les machines à deux bogies de trois essieux de plus de 100 t. Très rapidement, la configuration BB s'impose donc, aussi bien sur les locomotives électriques que sur

Fin de règne pour une CC 65500 utilisée comme machine de tête d'un train de travaux.

Polyvalente, la BB 67000 a posé ses essieux sur presque toutes les voies françaises. Cette diesel-électrique dessinée par Paul Arzens et construite par Brissonneau & Lotz est en 2011 toujours en activité, presque cinquante années après sa première mise en service !

les diesel-électriques. L'ensemble de ce parc diesel-électrique porte un coup fatal à la vapeur, même si, en réalité, les temps de parcours sur les grandes lignes ne sont pas véritablement réduits. Mais, à une époque où le carburant diesel est financièrement très avantageux, il s'impose comme une des solutions sur les réseaux non électrifiés, bien qu'au démarrage, ou lors des gros efforts de traction, l'épaisse fumée noire mazoutée s'échappant des toitures de ces machines soit hautement polluante... Il faudra attendre les années 1990 pour que ce problème soit sérieusement abordé : à l'orée des années 2000, des études menées à la gare de l'Est de Paris, remarquable par la densité de son parc diesel, établiront la nécessité de remotoriser certaines machines (notamment les BB 66000) avec des mécaniques plus modernes. Mais, dans les années 1960, personne ne se soucie encore de savoir si un 12-cylindres en V alimenté au fuel est propre ou non !

Machines prototypes, la CC 70001 et sa sœur CC 70002 présentent la particularité de disposer de deux moteurs qui entraînent chacun l'un des deux éléments de l'alternateur produisant l'électricité (un moteur actionne le stator, l'autre le rotor). Cette technique n'apportera pas grand-chose de plus que les classiques motorisations diesel-électriques. Aussi les CC 70001 et 70002 resteront-elles sans lendemain.

Une BB 67000 passe un viaduc en tirant un fourgon et des voitures de voyageurs type OCEM.

De moins de 10 unités en 1945, le parc diesel est passé à 1 297 machines vingt ans plus tard, voisinant avec les locomotives à vapeur qui, pourtant, se comptent encore à quelque 1 444 unités. La radiation de celles-ci va être toutefois rapide (une centaine par an), leur dernier carré résistant jusqu'en 1975, date où la dernière 141 R assure encore un service à Sarreguemines, en Lorraine. La vapeur fait désormais partie de l'histoire, et entre au musée français du Chemin de fer de Mulhouse qui ouvre ses portes dès 1971.

Les «batteuses» ou «dragues» sont les dernières 2D2 adoptées par la SNCF en 1950. Ces machines type 2D2 9100 à quatre essieux moteurs et deux bogies de deux essieux directeurs sont en effet les héritières des 2D2 5500 dont la conception remonte à 1926. Très actives sur la ligne Paris-Lyon-Marseille, ces très lourdes locomotives (145 t) ont été radiées en 1987. L'une d'elles, la 9102, détient le record du monde de kilomètres parcourus en un mois : 51 657 km! Et c'était en mars 1954.

Une CC 7100 a déployé ses deux pantographes.

En voiture !

Sur les grandes lignes, des trains comme le *Mistral*, le *Capitole* ou les TEE constituent des liaisons de prestige, essentiellement réservées aux voitures de 1re classe. Il s'agit pour la SNCF de capter une clientèle fortunée et exigeante en proposant un service similaire à ce que pratique la Transat avec ses paquebots. Les retombées d'une active publicité sont bien réelles et la société nationale peut s'enorgueillir, au début des *sixties*, d'être l'une des compagnies ferroviaires les plus efficaces d'Europe. Mais le voyage en train n'est certes pas l'apanage d'une élite. Le train populaire existe toujours, quoique l'on assiste à une disparition progressive des trains marchandises-voyageurs ou MV.

Les MV ont été mis en place au XIXe siècle pour assurer à la fois le transport des passagers et celui des marchandises sur de courtes distances régionales, à faible vitesse et à un prix modique. Durant l'entre-deux-guerres, certains assurent cependant des services de plus de 500 km. Guère ponctuels, les MV brillent peu par leur confort. Après la Première Guerre mondiale, ils récupèrent des wagons à caisses en bois ou métalliques à rivets qui ont été

Vous pouvez voyager tranquille, à toute heure du jour et de la nuit, l'homme veille sur les multiples itinéraires des trains.

Ci-dessous : «L'homme d'aujourd'hui boit peu» car son travail de chauffeur demande réflexion et attention poursuit cette publicité qui vante les mérites d'un bon alcool fort... mais à petite dose!

déclassés des grandes lignes. Ces omnibus sont d'une bonne utilité durant l'entre-deux-guerres et surtout sous l'Occupation mais, après 1945, la motorisation des campagnes leur porte un coup fatal. Jugés inconfortables, les MV sont chassés sans regret par les nouveaux autorails nettement plus rapides et d'un tout autre agrément. En 1956, sous la pression de l'Union internationale des chemins de fer (UIC), la SNCF supprime la 3e classe. Cette décision met fin aux voitures de voyageurs avec banquettes en bois vernis, et provoque aussi le retrait des wagons de type PO à portières latérales. Certaines voitures plus récentes sont reclassées en 2e classe, avec des banquettes en Moleskine. Pourtant, le vieux parc roulant demeure parfois mêlé aux rames lors des périodes de pointe, c'est-à-dire les départs en vacances.

Les sports d'hiver se développent rapidement tout au long des années 1960 et, grâce au tarif réduit, le train devient accessible à tous. Les trains de vacances offrent aux publicitaires une mise en situation des dernières nouveautés vestimentaires... Mais voyager avec ses chaussures de ski au pied ne doit être guère confortable!

Les trains de vacances

Après 1945, les Français retrouvent le sourire et les départs en vacances de juillet et d'août sont à Paris l'occasion d'une intense activité dans les gares Saint-Lazare, Montparnasse, de Lyon, d'Austerlitz et, dans une moindre mesure, à la gare du Nord. Les trains d'hiver n'existent pas encore, le ski n'étant pratiqué, jusqu'au début des années 1970, que par une minorité. En fait, les départs en vacances concernent encore peu de Français, à peine la moitié. Ce sont surtout les Parisiens qui constituent le gros des estivants et tous ne se ruent pas vers les bords de mer, privilégiant le retour à la province originelle dont ils sont issus, y retrouvant parents ou grands-parents. Passer ses vacances en villégiature à l'hôtel ou dans une maison louée (cas très rare) coûte cher. Le camping commence aussi à faire des adeptes, quoiqu'il concerne l'automobile, la voiture étant indispensable pour tracter la caravane. Quant aux ruraux attachés au travail de la terre, ils ne partent pas. Souvent, on envoie prioritairement en vacances madame et les enfants, monsieur assurant quelques jours encore son travail au bureau. Ajoutons que la durée légale des congés payés, chèrement acquis en 1936, n'est que de trois semaines, même si dans les faits bon nombre de sociétés préfèrent fermer un mois complet plutôt que de tourner au ralenti inutilement.

Le train est, jusque dans les années 1950, un moyen de transport privilégié. Lors des grands départs, les fourgons à bagages sont remplis à ras bord de valises en carton, sanglées pour éviter les ouvertures intempestives, de poussettes et de landaus, de caisses ficelées à la va-vite et de dizaines de bicyclettes, le vélo étant très souvent le seul moyen de se déplacer une fois arrivé sur place. Dans les voitures compartimentées, on s'entasse comme on peut. Les sacs et les valises sont entreposés dans les filets à bagages et, pour entamer la discussion entre inconnus qui se font face, on sort les serviettes à carreaux, le litre de vin blanc, le poulet cuit la veille, le saucisson et le camembert. Comme il n'y a pas de climatisation et que le soleil d'août darde ses rayons, on baisse la vitre par laquelle, avant que le train ne s'ébroue, on embrasse une dernière fois les membres de la famille ou les amis venus aider à porter les bagages.

Austerlitz et Montparnasse sont à l'époque les gares où l'affluence est la plus forte, car points de départ des trains vers le Grand Ouest et ses plages de l'Atlantique. Certaines voitures sont réservées à des enfants partant en colonies de vacances, reconnaissables à une petite étiquette d'identification passée autour de leur cou, d'autres sont prises d'assaut par des ouvriers, des mineurs, des métallos ou des cheminots qui bénéficient de tarifs spéciaux par l'intermédiaire de leur comité d'entreprise. Devant cette affluence, la SNCF réquisitionne tout ce qu'elle peut, racle les fonds de tiroir, remet en service des voitures obsolètes pour compléter les trains qu'elle double ou triple en fonction des besoins. Beaucoup de passagers rechignent à monter dans ces antiquités mais, faute de mieux et après cinq à dix heures de voyage, tout le monde est heureux d'être parvenu à bon port.

Le train Mistral *(Paris-Nice) naît officiellement le 14 mai 1950. De 1965 à 1981, il fait partie du réseau Trans Europ Express avant d'être supprimé, victime du TGV.*

À partir des années 1960, démocratisation de l'automobile oblige, le train de vacances connaît une nette baisse d'affluence, avant de trouver une nouvelle vigueur dans les années 1980 à l'apparition du TGV qui modifie profondément la notion d'éloignement géographique. Mais la SNCF aura déjà basculé dans une nouvelle ère, celle de la très grande vitesse.

Le renouveau du trafic marchandises

Juste avant la Seconde Guerre mondiale, la SNCF dispose de quelque 475 000 wagons de marchandises. À part quelques wagons-foudres pour le transport du vin et les tombereaux à bogies voués à l'acheminement de houille et de minerais, ce parc est composé de wagons plats, de tombereaux à deux essieux ou, en plus grand nombre, des fameux « couverts ». Comme leur nom l'indique, ces derniers disposent d'un toit étanche pour abriter les marchandises de diverses natures. La plupart du temps en bois avec une toiture goudronnée, on y accède par des portières latérales coulissantes.

Lors du conflit précédent, la rationalisation des moyens avaient engendré la construction de wagons unifiés type État II. Après 1918, les wagons couverts OCEM 1919 portent sur leur flanc la fameuse inscription « hommes : 40, chevaux en longueur : 8 » destinée aux militaires pour un éventuel transport de troupes ou d'unités de cavalerie. Au fil des années, certaines compagnies mettent en service des couverts à ossature métallique, puis intégralement métalliques, ces derniers restant toutefois minoritaires.

À partir de 1945, face à un parc exsangue suite aux phénoménales destructions de la guerre, il est décidé de produire une nouvelle série de wagons aux standards SNCF, puis UIC, désormais assemblés en profilés d'acier, en tôle et en éléments inoxydables. Aux deux essieux est préférée la formule à bogies, qui permet l'emport d'une charge nette-

Le poste de contrôle d'une gare de triage à la fin des années 1950. L'électricité est désormais partout à la SNCF, y compris sur les pupitres de commandes (ce qui permet, on le remarque, à cet agent de travailler en charentaises).

Dans le port de Rouen, des Citroën DS sont en attente d'embarquement sur des wagons plats classiques. En attendant de plus modernes fourgons porte-voitures.

ment plus importante. Les nouveaux modes de consommation et les nouvelles industries des années 1950 imposent aussi la mise en service de wagons spéciaux comme des wagons-trémies à déchargement par gravité, des wagons à toit ouvrant, des wagons plats surbaissé, des wagons à déchargement automatique pour le transport de charbon ou à déchargement par air comprimé pour le transport de pulvérulents, des couverts à face coulissante sur la moitié de la largeur, des wagons en aluminium, des citernes à gaz ou à hydrocarbures, sans oublier les wagons à double étage pour le transport des automobiles. En outre, l'attelage automatique se généralise, raccordant conduites de freins et câbles électriques sans intervention humaine, ce qui constitue un appréciable gain de temps. En 1966, le parc de wagons de la SNCF, qui se monte à 295 000 unités, est donc nettement moindre que celui de 1939, mais incomparablement plus rationnel.

Chargement de marchandises conditionnées dans des wagons couverts standards.

Document d'information de la SNCF sur son nouveau TGV Sud-Est datant de 1981, avec une typographie «digitale» très dans l'air du temps.

chapitre 4

À l'assaut de la très grande vitesse

Personne ne doute en 2011 que le TGV est une réussite complète. Les temps de parcours se sont réduits à une poignée d'heures pour relier toutes les grandes capitales européennes. La convivialité à bord des trains y perd, mais l'homme moderne a gagné son pari contre la montre. À tel point que 97 % du territoire français est accessible en moins de cinq heures depuis Paris contre 75 % en 1980. Héritier d'une longue série d'essais de trains rapides menés par la SNCF dès le début des années 1950, le TGV a ensuite eu une gestation relativement courte et la mise en service commerciale de la ligne Paris-Lyon, qui clôture la période des Trente Glorieuses, s'est faite rapidement. D'autant plus rapidement que, il faut l'avouer, le projet a été mené au détriment des autres lignes. Mais le résultat le valait sans doute : Bordeaux ne semble-t-il pas aujourd'hui le presque voisin de la capitale qui n'est elle-même qu'à seulement trois heures de Marseille ? Il y a quelques décennies à peine, le TGV aurait presque fait figure de machine à remonter dans le temps…

Le TGV a révolutionné le transport terrestre en divisant les temps de parcours par deux permettant à la SNCF de reprendre le dessus sur le transport aérien promis pourtant à un bel avenir à la fin des années 1960.

La CC 6500 permet à la Société nationale des chemins de fer français de dépasser le mur des 200 km/h. Cette machine performante fonctionnant sous 1 500 volts est la deuxième « nez cassé » électrique dessinée par Paul Arzens, ce surnom étant dû au pare-brise inversé et à la forme assez anguleuse de la face avant.

Dans les années d'après-guerre, la SNCF réussit à maintenir des vitesses moyennes honorables, de l'ordre de 110 à 120 km/h pour ses trains de voyageurs et de 80 à 90 km/h pour ses trains de marchandises, vitesses sensiblement identiques à celles de l'entre-deux-guerres. Toutefois, la puissance des machines doit être accrue pour qu'elles puissent assurer la traction de convois de plus en plus lourds, les voitures métalliques qui se généralisent présentant une tare nettement supérieure aux anciennes voitures de conception mixte bois et acier. Sous un autre aspect, cette étape de transition est aussi profitable aux passagers qui accèdent à un confort digne de ce nom.

Une CC 6500 en cours d'essais. En 1969, elle est la plus puissante machine de la SNCF (5 900 kW, soit 8 000 ch en continu). Œuvrant en tête de rames de prestige (sa ligne et ses coloris sont harmonisés avec les voitures Grand confort) où elle remplace efficacement les BB 9002 du Mistral, *sa double réduction lui permet aussi d'arracher de très lourds trains de fret.*

La version diesel des «nez cassés» est la CC 72000. Cette machine de 3000 ch est conçue en 1967 comme une bête de somme afin d'assurer la traction de trains rapides, tel le Jules Verne *entre Paris et Nantes, ou de convois de fret sur longues distances, le tout à une bonne moyenne. Mais le choc pétrolier de 1973 et l'électrification progressive du réseau limitera leur emploi. Plusieurs CC 72000 seront cependant remotorisées afin de restreindre les émissions polluantes, devenant les CC 72100.*

Mais très vite, dès la fin des années 1940, la SNCF n'a d'autre choix que de mettre en place un programme tourné vers la vitesse. Ses dirigeants n'ont en effet pas besoin d'être devins pour mesurer le danger représenté par l'automobile qui, en plein essor, est en train de devenir accessible au grand public. Et si la voiture se développe, le réseau routier en fera de même, autorisant des vitesses supérieures. Et qu'en sera-t-il de l'avion? La renaissance d'Air France et l'expansion de l'aéronautique populaire prouvent que l'air va lui aussi devenir un sérieux concurrent. Un peu plus tard sans doute, mais non moins sûrement. Encore de l'ordre de la prédiction durant les années 1950, la chose ne fera plus aucun doute au tournant de la décennie suivante lorsque, sur les routes nationales et les autoroutes naissantes, Citroën DS et 404 fileront à grand train, tandis que Renault planchera sur son vaisseau amiral, la Renault 16, qui sortira en 1965. Dans les airs, la SNCF se sera associée avec Air France (en 1957) pour fonder la compagnie Air Inter équipée d'avions anglais Vickers Viscount, puis des nouvelles Caravelles.

Tôt dans les années 1950, la SNCF se lance donc dans un programme expérimental de grandes vitesses en battant plusieurs records en 1954. Mais, malgré la mise en service de nouveaux ensembles prestigieux comme le *Mistral*, les trains commerciaux restent limités, par décision gouvernementale et pour raison de sécurité, à 140 km/h jusqu'en 1957, puis 160 km/h jusqu'en 1965 et enfin 200 km/h deux ans plus tard avec le *Capitole*. Et encore celui-ci ne tient-il les 200 km/h qu'entre Les Aubrais-Orléans et Vierzon, soit une centaine de kilomètres. On est donc encore bien loin, à la fin des années 1960, de la très grande vitesse.

La CC 65001 sur la rotonde d'un dépôt, en compagnie d'une CC 6500 Maurienne (quatrième machine à partir de la gauche) reconnaissable à sa livrée verte et équipée d'une alimentation par frotteur via un troisième rail – un système unique propre à cette région savoyarde.

Relever les vitesses

La mise en service d'une nouvelle génération de machines va quelque peu relever les vitesses moyennes. Ces locomotives sont connues sous le sobriquet de « nez cassés » à cause de la forme inversée du pare-brise. Une fois de plus, ces formes sont dues à Paul Arzens. Il y a tout d'abord la CC 72000, une diesel-électrique commandée en 1965 et qui effectue ses premiers tours de roue commerciaux deux ans plus tard. La CC 72000 ne remplace pas les anciennes diesel-électriques comme les BB 67000, mais elle est plus puissante, plus véloce, mieux apte à la remorque de rapides sur les voies non électrifiées. Et aussi plus élégante. Capable de rouler à une vitesse de 160 km/h grâce à un nouveau moteur SACM AGO 16-cylindres de 3 600 ch qui fournit de l'énergie à deux moteurs de traction par bogie, la CC 72000 est donc plus performante que les diesel-électriques antérieures qui assurent un service guère supérieur à celui des anciennes vapeurs.
Mais elle finit elle aussi par manquer de puissance pour la remorque de trains lourds à la veille et au retour des week-ends chargés. Bien souvent, elle est remplacée par deux BB 67000 accouplées en UM (Unité multiple), ce qui double les coûts d'exploitation alors que la SNCF pensait justement limiter ceux-ci en mettant la CC 72000 en service. En outre, la livraison des 92 machines prévues s'arrête en 1974 à cause du choc pétrolier. Le prix du carburant diesel a beau être moindre que celui de l'essence ordinaire, il fait un tel bond à la hausse que la mise en service de machines diesel-électriques n'est plus envisageable.

Locomotive bicourant BB 22200

1. Cabine de conduite 2. Avertisseur sonore deux tons 3. Antenne radio 4. Pantographe courant continu 5. Bloc batterie 6. Armoire des fusibles 7. Disjoncteur monophasé 8. Bloc rhéostatique 9. Disjoncteur continu

Longueur : 17,48 m.
Masse : 90 t.
Puissance : 4 000 kW (5 400 ch).
Vitesse maxi : 100 km/h.
180 km/h ou 200 km/h suivant les sous-séries.

Carctéristiques

10. Pantographe monophasé 11. Réfrigérant 12. Bloc capacités 13. Conduite de ventilation 14. Groupe moto-compresseur 15. Moteur de traction 16. Réservoir d'air principal 17. Transformateur principal 18. Sablière 19. Silentbloc de suspension 20. Réducteur 21. Moteur de traction 22. Ressort de suspension 23. Éjecteur de sablière 24. Bouclier de protection 25. Câblot de chauffage électrique

Les voitures Grand confort prennent la relève des voitures inox. Réalisées en acier, elles sont aptes à rouler à 200 km/h. Ici le fourgon générateur, équipé de son système autonome de conditionnement d'air et de chauffage.

D'autres « nez-cassés », électriques celles-là, sont proposées en 1969 : les CC 6500 dérivées de la CC 40100 quadricourant de 1964. La CC 6500 est plus fine et arbore une magnifique livrée rouge et gris métal soulignée d'un bandeau orange – baptisé *coup de soleil* par Paul Arzens. Capable de filer à 220 km/h, la CC 6500 est spécialement adaptée à la traction des superbes voitures Grand confort de 1re classe assemblées par l'usine De Dietrich. Reprenant la ligne générale des voitures inox de la TEE – mais en acier, pour en réduire le coût – ces voitures seront affectées au *Capitole* (devenu une ligne TEE) et aux liaisons Paris-Bordeaux (trains *Aquitaine* et *Étendard*), puis Paris-Strasbourg (trains *Kléber* et *Stanislas*) et enfin au Paris-Nantes (train *Jules Vernes*). C'est aussi une Grand confort qui sera emménagée en voiture présidentielle et véhiculera notamment la reine Elisabeth II du Royaume-Uni en 1972 et le président américain Jimmy Carter en 1976.

Initialement, les voitures Grands conforts de De Dietrich devaient être aptes à la pendulation, une technique permettant l'inclinaison de la voiture dans une courbe afin de limiter la force centrifuge tout en circulant à grande vitesse sur des lignes classiques. Mais cette technique ne va finalement pas être mise en œuvre. Car la SNCF ne sait toujours pas sur quel pied danser pour promouvoir la très grande vitesse : faut-il adapter le parc roulant à la voirie existante ? Ou bien créer de nouvelles lignes à haute vitesse ? Et changer complètement le mode de traction ? Si oui, faut-il opter pour l'aérotrain ou la turbine à gaz, deux techniques qui semblent pleines de promesses ?

Une CC 6500 en tête du train Étendard ***(Paris-Austerlitz-Bordeaux) composé d'une rame de voitures Grand confort.***

Aérotrain et turbine à gaz

En 1964, le Français Jean Bertin met au point un engin révolutionnaire, l'Aérotrain. Celui-ci a pour caractéristique de se déplacer sur coussin d'air le long d'un unique rail en béton. Les premiers essais ont lieu en 1965 et intéressent vivement les pouvoirs publics, soucieux d'assurer dans un futur proche la desserte rapide des villes. Plusieurs prototypes sont réalisés et une voie expérimentale rectiligne de 18 km sur pilotis de 5 m de hauteur est construite dans le Loiret entre les communes de Saran et Ruan, au nord d'Orléans. Divers moteurs sont essayés, dont des turbines Turbomeca – à peu de chose près identiques à celles équipant bon nombre d'hélicoptères français – qui ont l'avantage de fournir une forte puissance pour un poids et un encombrement très limités.

D'un point de vue technique, l'Aérotrain fonctionne parfaitement puisque l'un d'eux, le 02, atteint 422 km/h. Mais la SNCF voit d'un très mauvais œil l'arrivée inopinée de ce concurrent qui, de surcroît, la ridiculise avec un engin fait maison. Et elle sait aussi que l'on peut atteindre des vitesses élevées sur rails. Ses propres records sont là pour le prouver, ainsi que la récente mise en service du train japonais *Shinkansen* qui roule entre Tokaïdo et Tokyo à 210 km/h, puis 220 km/h. Enfin, le *Capitole* entré en service en 1967 démontre aux pouvoirs publics que la compagnie nationale est sur la bonne voie.

L'année précédente, celle-ci a à son tour expérimenté la turbine avec le X 2061 ou TGS (Turbine à gaz spéciale), le père du TGV. L'engin, un autorail EAD (Élément automoteur double) réalise des essais jusqu'en 1972 avec des pointes à 200 km/h et valide le principe de la turbine. En 1970, la SNCF reprend l'idée sur un engin à vocation commerciale et met en service l'ETG (Élément à turbine à gaz), un autorail formé de quatre voitures et propulsé par un moteur diesel classique pour le démarrage et la petite vitesse, puis une turbine à gaz Turbomeca de plus de 1 150 ch pour les vitesses supérieures. Normalement prévu

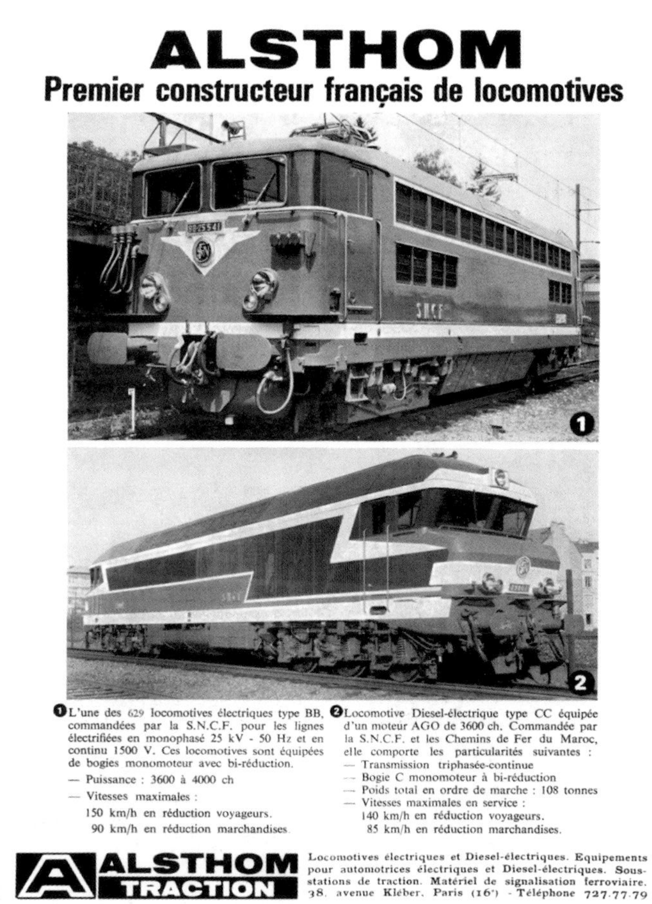

Dès la fin des années 1960, c'est la société Alsthom qui conçoit la plupart des machines de lignes françaises. En 1972, elle reprend l'activité ferroviaire de Brissonneau & Lotz, la firme qui a entre autres conçu les premières BB 67000.

Le RTG (Rame à turbine à gaz) ou Turbotrain, ou encore T 2000 dans la nomenclature de la SNCF est une réponse pratique à l'exploration des grandes vitesses. Cette réalisation prend place dans la lignée des rames automotrices ou des autorails que, depuis des décennies, les compagnies de chemins de fer ont tenté de concevoir pour aller vite – on pense notamment à l'autorail Bugatti. Le RTG opte pour deux turbines à gaz, mécaniques relativement simples et surtout légères qui permettent, sur le papier, d'atteindre les 200 km/h – la vitesse commerciale sera réduite à 160 km/h. Le principe de la turbine à gaz apparaît, malgré une consommation très élevée, l'une des voies possibles pour un train à grande vitesse.

SNCF
TR 2002

Page de gauche : en arrière plan, le TGS (Turbine à gaz spéciale) est un autorail expérimental construit en 1966 à partir d'un EAD (Élément automoteur diesel) affublé de carénages aérodynamiques de nez et de queue. La motorisation est confiée à une turbine Turboméca lui permettant d'atteindre les 250 km/h. Il est ici visible à Caen en compagnie d'un ETG (Élément à turbine à gaz) qui est, lui, est en exploitation commerciale.

pour rouler avec des pointes à de 180 km/h, l'ETG sert sur la ligne Paris-Caen-Cherbourg de 1971 à 1975, puis entre Lyon et Grenoble ainsi que dans les Alpes. Il est ensuite remplacé sur Paris-Caen-Cherbourg par le RTG (Rames à turbine à gaz) de la série T2000.
Le RTG, ou Turbotrain, fait appel à deux turbines à gaz logées dans chacune des deux motrices encadrant trois voitures. Il peut atteindre 200 km/h mais sa vitesse d'exploitation va être fixée à 160 km/h. Les turbotrains sont mis en service sur des lignes transversales – Lyon-Strasbourg, Lyon-Nantes et Lyon-Bordeaux – puis entre Paris et Cherbourg. Malgré leur succès sur le réseau national (car dotés en sus d'un grill ou d'un service de restauration) et à l'étranger (plusieurs RTG ont été vendus aux États-Unis, à l'Égypte et à l'Iran), les Turbotrain vont être condamnés par leur gargantuesque consommation de carburant lorsque les deux chocs pétroliers auront frappé l'économie mondiale, en 1973 et en 1979.
Pourtant, la motorisation par turbine reste la solution expérimentée sur un nouveau train, le TGV. Mais, avant la très grande vitesse, la SNCF s'attache à renouveler son parc de voitures vieillissant avec l'introduction, en 1975, des trains Corail.

L'automotrice électrique Z 1001 surnommée «Zébulon» est chargée jusqu'en 1978 d'expérimenter des bogies destinés aux très hautes vitesses.

Les années babas-cool

Il n'est pas exagéré de dire que la SNCF s'est quelque peu endormie sur ses lauriers au cours de la décennie 1960. Les trains de prestige font la une de la presse et on ne compte plus les magazines dans lesquels une starlette de cinéma ou une personnalité des arts et du spectacle pose complaisamment en montant à bord d'une voiture Pullman de la CIWL, ou d'une voiture inox flambant neuf du *Mistral*. Cependant, pour le commun des mortels de la 2e classe, le voyage se fait toujours dans un compartiment d'une voiture UIC.

Il s'agit d'une série de voitures type Y (dites UIC car répondant aux normes émises par l'Union internationale des chemins de fer) mises en service entre 1963 et 1976. Ces voitures se singularisent par leurs bogies Y24 et par leur aptitude à voyager sur la plupart des réseaux européens (le système électrique est donc unifié). L'intercirculation permettant de passer d'une voiture à une autre s'effectue par des bourrelets en caoutchouc, et les portes vers l'extérieur s'ouvrent en deux battants articulés à fermeture et ouverture automatiques par air comprimé (système Mielich, pas toujours apprécié de la clientèle non habituée qui ne sait jamais s'il faut lever ou tirer la poignée, ni pousser la porte ou la tirer vers soi !). Ces voitures UIC sont construites en plusieurs versions (1re classe, 2e classe, mixte, avec ou sans compartiment fourgon, couchettes, etc.). Parallèlement est développée la série des voitures USI (Unifiées de service intérieur) qui adoptent pour la première fois en France une disposition dite en coach (en salle, avec des rangées de sièges et un couloir central), même si une des sous-variantes conserve un compartimentage, voire mixe les deux formules. Ces deux grandes séries de voitures UIC et USI améliorent sensiblement le confort et poussent vers la sortie de nombreuses voitures métalliques obsolètes. Mais de nets progrès ont été également réalisés dans toute l'Europe et les standards relevés. Ainsi au milieu des années 1970, il semble presque inconvenable qu'une voiture de voyageurs de 2e classe ne soit pas climatisée, point sur lequel les voitures UIC et les USI avouent déjà leur âge.

Les années 1970 s'entichent, entre autres choses, de la BD pour adultes. Aussi celle-ci pénètre-t-elle largement le monde de la publicité.

Pourtant, la deuxième vague des enfants nés du baby-boom de l'après-guerre, ceux qui ont vu le jour dix à quinze ans après la fin de la Seconde Guerre mondiale, est finalement moins réceptive aux progrès de l'électroménager, de la bagnole à papa et du confort des HLM. L'air climatisé, les jeunes hippies qui prolifèrent en Europe depuis Woodstock n'en ont cure. Ils préfèrent déambuler en « deudeuche » (Citroën 2 CV), rouler simple mais loin, jusqu'à Katmandou si la mécanique tient le coup, ou bien s'adonner aux joies de la vie communautaire dans le Larzac, ce haut plateau du Massif central, déserté aussi bien par la SNCF que par l'industrie mais qui intéresse beaucoup les militaires. Un ministre de la défense, Michel Debré, a d'ailleurs le malheur d'autoriser une extension du camp militaire local en 1971, au grand dam des agriculteurs dont les rangs ont été gonflés par des hordes de babas-cool. Il faudra dix ans de lutte pour que François Mitterrand apaise les esprits en abandonnant ce projet. Le kaki n'a décidément pas sa place dans l'univers à fleurs des hippies !

La vague de renoncement à la société de consommation n'empêche pas cette dernière de récupérer le phénomène baba. Les babas-cool à jeans « pattes d'éph » aiment la couleur ? Cela tombe bien : les nouveaux plastiques en tous genres que sont les polyester, polyuréthane et autre vinyle s'accommodent de tous les pots de peinture. On les teinte dans la masse et l'époque est au jaune citron, à l'orange vif, au vert pomme, des coloris acidulés que l'on tente d'apaiser à grand renfort de moquettes et de motifs marrons. Comme le plastique est malléable presque à l'infini, on en profite pour concevoir des meubles aux formes rondes, des fauteuils gonflables ou des fauteuils poires qui crissent de leurs milliers de billes lorsqu'on s'assied dessus.

Autre caractéristique de la seconde moitié des seventies : un goût immodéré pour les teintes orange et marron qui envahissent décors intérieurs et papiers peints, ou souvent en aplats en larges bandes, comme sur ces sièges d'une Simca Horizon.

Publicité pour les voitures Corail. Habituellement, la SNCF mettait en avant le rail dans son ensemble, ou bien les avantages de tel ou tel train comme le Capitole *ou le* Mistral, *mais il était rare qu'elle communique sur un type de wagon en particulier. Cette campagne autour des voitures Corail est à la hauteur des ambitions de la SNCF qui, entre 1975 et 1986, en aura commandées près de 4 000 au total : un chiffre énorme. Sont ici mis en avant le confort apporté par le nouveau bogie Y32, la climatisation et l'insonorisation, ainsi que certains équipements bienvenus : tablette rabattable, éclairage individuel, etc.*

Confort rail

Ces tendances n'échappent pas à Roger Tallon, un des designers phares des années 1970. C'est vers lui que se tourne la SNCF pour décorer ses nouvelles voitures Corail puis, plus tard, l'intérieur du TGV Atlantique. Car les voitures Confort rail (Corail) adoptées à partir de 1975 vont incontestablement redonner un coup de jeune au parc de la SNCF. Un gros effort est donc déjà fait sur la décoration : avec leur finition gris clair et gris foncé, des portes orange vif et un intérieur qui fait la part belle à l'orange et au marron, ces voitures rompent avec le traditionnel vert foncé qui, depuis des décennies, régnait en maître à la SNCF. Côté confort, les Corail bénéficient d'une insonorisation soignée, d'une climatisation et de bogies Y32. Enfin, elles imposent définitivement le couloir central, même si, là encore, un certain nombre d'exemplaires à compartiments seront produits.
Fabriquées en très grande nombre (3 193 unités), les voitures Corail vont assurer quantité de liaisons longues distances, avec souvent l'ajout d'une voiture-bar. Avec la mise en service du TGV, beaucoup seront refondues

Aménagement coach avec couloir central d'une voiture Corail. L'orange règne en maître...

Ci-contre : même ambiance moderne et aérée au restaurant-grill.

Ci-dessous : vue d'une voiture Corail de 1re classe, que caractérisent des rangées de trois fauteuils seulement et un couloir plus large qu'en 2e classe.

Autocollant édité par la SNCF pour vanter les mérites du train. Les toutes dernières voitures Corail sont bien sûr représentées.

Ci-contre : une voiture Corail B11u élargie ; voiture à compartiments de 2e classe pour 88 places. Si les trains Corail sont essentiellement composés de voitures coachs à couloir central, certains passagers préfèrent encore la configuration en compartiments héritée des trains d'antan.

Les voitures Corail apportent un sang neuf au parc des voitures de voyageurs de la SNCF. Aptes à rouler à 160 km/h, voire 200 km/h pour certaines d'entre-elles, leur confort a fait l'objet d'un soin tout particulier. Les premières livraisons débutent en 1975 avec une livrée à deux tons de gris et portes oranges.

Une BB 7200 au début des années 1980, en tête d'un train Corail comportant une voiture-bar.

en 1995 pour s'offrir une nouvelle jeunesse. À cette occasion, elles seront rebaptisées Corail *Plus* avant d'être à nouveau modernisées en 2003 sous le nom Corail *Téoz*. D'autres voitures seront déclassées pour servir sur les lignes TER (Transport express régional), un service qui apparaît en 1984.

Il est également à noter que leur conception a fortement influencé des compagnies étrangères. Certaines voitures Corail ont ainsi été construites au Portugal, tandis que la Voiture standard européenne (VSE ou Eurofima), destinée à parcourir une bonne partie du réseau européen, s'en est largement inspirée. Avec la multiplication des TGV en France, leur nombre devenu trop important a aussi conduit à l'exportation de plusieurs unités vers le Maroc. Car, depuis la fin des années 1970, s'il est un train qui a révolutionné le monde du transport ferroviaire, c'est bien le TGV.

Naissance du TGV

La naissance du TGV n'est pas due à l'unique volonté d'accéder à la grande vitesse. Un impératif de régulation du trafic y a également contribué. Tout au long des années 1960, les transits internationaux de voyageurs et de fret s'accroissant, les convois sont en effet de plus en plus nombreux à emprunter les mêmes lignes. Or, rien ne sert qu'un train se déplace à plus de 200 km/h s'il est obligé de ralentir pour ne pas en rattraper un autre, plus lent. C'est bel et bien de la configuration du réseau dont il est question : non seulement il peut être techniquement très difficile de doubler une ligne principale lorsque le relief ne s'y prête pas, mais rien ne dit que sur une ligne triplée ou quadruplée (comme entre Paris et Lyon, l'artère impériale qui reste l'axe vital du réseau français) un train ne sera pas retardé à un raccordement par un convoi de fret beaucoup plus lent, ces raccordements formant de véritables goulets d'étranglement.

C'est ainsi que commence à s'installer l'idée de créer une ligne directe rapide, entièrement dédiée à un écoulement du trafic voyageurs entre Paris et Lyon. Cette réflexion est menée par le Service de la recherche de la SNCF, une structure mise en place à partir de 1966. Ses ingénieurs intègrent le principe de l'Aérotrain au projet en optant pour la propulsion par turbine, et couchent sur le papier l'idée d'une ligne directe, une autoroute ferroviaire compatible avec le réseau existant mais qui ne serait parcourue que par des trains à grande vitesse. L'analogie avec l'autoroute conduit d'ailleurs à une bonne idée : la SNCF se rapproche rapidement des Ponts et Chaussées pour savoir si la construction d'une nouvelle ligne SNCF peut se faire conjointement à celle d'une autoroute afin de réduire les coûts. Les études montreront de fait la rentabilité d'une telle approche.

Reste à porter son choix sur un nouveau matériel. Pour dépasser les 250 km/h en service commercial, la traction de voitures par locomotives classiques est impossible, la puissance requise étant trop importante pour offrir un bon compromis adhérence/vitesse. C'est la rame automotrice à adhérence totale – où tous les bogies sont moteurs – qui apparaît la solution idéale. De plus, pour améliorer le confort, abaisser le centre de gravité et limiter le nombre de bogies, ceux-ci sont placés entre les caisses, ce qui améliore de surcroît la sécurité, les voitures étant moins sujettes au déraillement. Signe des temps, la rame TGV est très soignée, avec une ligne aérodynamique inspirée du *Shinkansen*, quoique présentant un profil plus original, moins calqué sur celui d'un avion civil gros porteur. Le Turbotrain TGV 001 est dessiné par Jacques Cooper qui est appelé par Alsthom en 1972. Le résultat est plus que novateur.

La SNCF passe en 1969 commande de deux rames CO3 propulsées par turbines, dont une de conception pendulaire qui est finalement abandonnée. Le 8 décembre 1973, le TGV 001 atteint 318 km/h sur la ligne des Landes.

Premières esquisses de celui qui a dessiné le TGV, Jacques Cooper, designer chez Brissonneau & Lotz, nouvelle filiale d'Alsthom. Il est aussi chargé d'une partie du design intérieur.

Ci-dessus : le TGV va disposer de ses propres lignes à grande vitesse (LGV) sur laquelle il sera le seul à pouvoir circuler. Mais l'inverse n'est pas vrai, et c'est là une des grandes forces du TGV : il peut, comme n'importe quel train, emprunter le reste du réseau. Les voies des LGV présentent de très larges courbes, avec des rails lourds de très grande longueur et des traverses en béton. Les aiguilles et toute la signalétique leur sont également propres. La LN1 (ligne nouvelle 1) ou LGV Sud-Est n'emprunte pas de tunnels. Grâce à la vitesse acquise, les TGV peuvent en effet, par simple inertie, « avaler » des rampes très importantes. Par contre, il a été nécessaire de réaliser dix-sept grands ouvrages d'art pour passer certains reliefs. Il n'y a pas non plus de passages à niveaux, la LGV étant isolée par des clôtures de non-franchissement.

Le record du monde de vitesse d'une machine à moteur thermique vient de tomber. L'année suivante, le président Pompidou, malade, entérine le projet. Du coup, l'Aérotrain passe à la trappe. Mais cette solution aurait de toute façon nécessité des infrastructures trop importantes pour pénétrer dans les villes. Et la SNCF argue aussi que son futur TGV restera compatible avec le réseau existant, ce qui, là encore, limitera grandement les coûts.

Un vaste programme

Le programme du TGV comporte avant tout la pose de nouvelles lignes à grande vitesse (LGV). Celles-ci doivent permettre au TGV de circuler tout d'abord à une vitesse commerciale de 260 km/h. Elles sont totalement isolées du reste du réseau, ne comportent aucun passage à niveau, et présentent des courbes de très grand rayon afin que les trains puissent les négocier sans devoir décélérer.

Côté matériel, la SNCF opte très vite pour la traction électrique, les résultats pourtant probants de la turbine ne pouvant contrebalancer

Déjà très ressemblant au futur TGV Sud-Est, le TGV 001 n'aura jamais eu de vie commerciale. Il s'agit d'un turbotrain prototype doté d'une turbine, à une époque où ce choix technique apparaît celui de l'avenir. Le TGV 001 comprend deux machines motrices aux extrémités et trois voitures. Ses essais vont durer de 1972 à 1978.
En haut : montage de deux turbines Turmo IIIG dans la caisse d'une des motrices. Comme on peut le voir, le groupe moteur est particulièrement compact.

La rame 58 du TGV Paris-Lyon avec sa livrée orange d'origine. La motrice porte sur ses flancs l'emblème des jeux Olympiques d'Albertville 1992. Les premières rames ont perdu leur teinte orange en 2001.

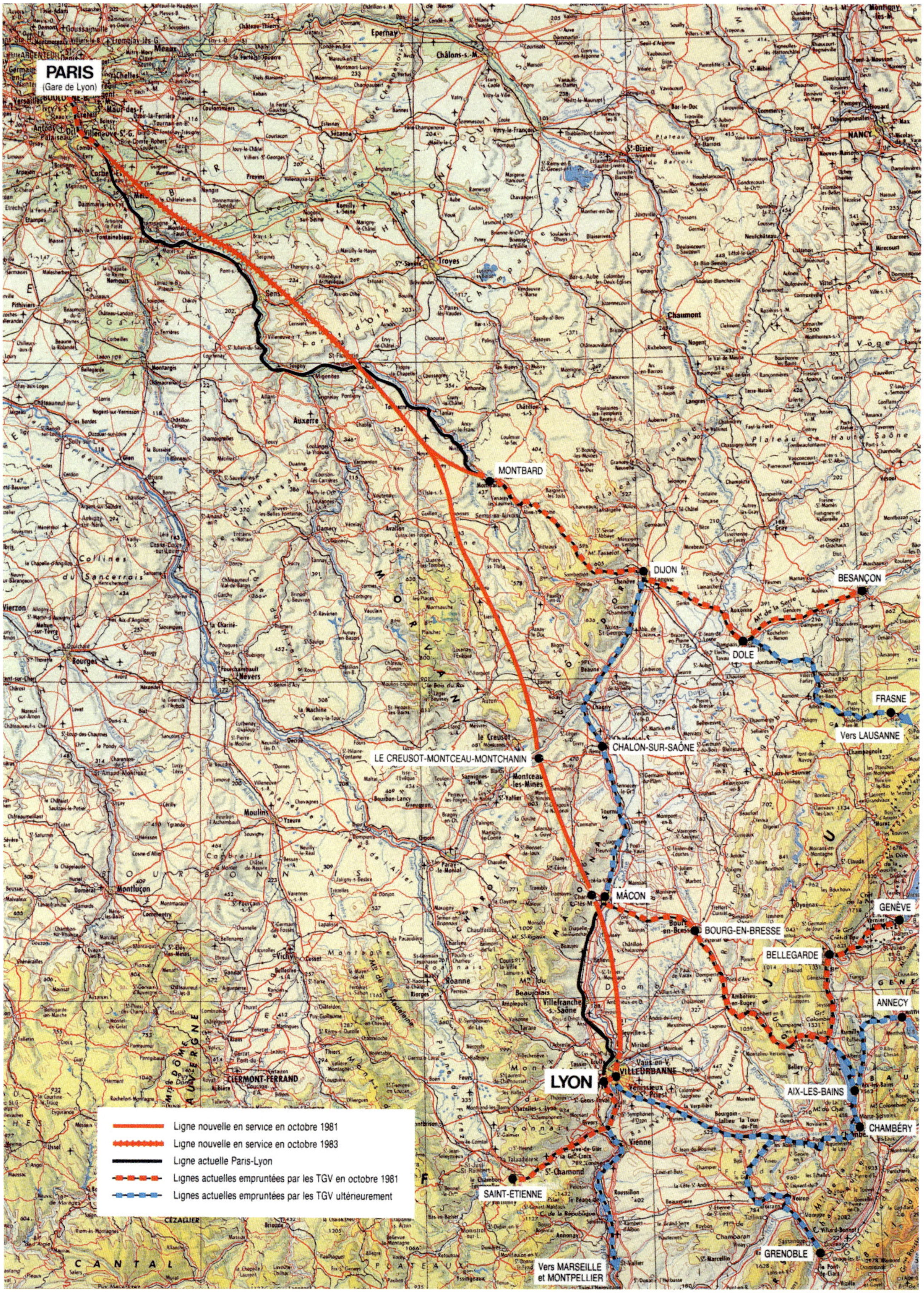
PARIS
(Gare de Lyon)
MONTBARD
DIJON
BESANÇON
DOLE
FRASNE
Vers LAUSANNE
LE CREUSOT-MONTCEAU-MONTCHANIN
CHALON-SUR-SAÔNE
MÂCON
BOURG-EN-BRESSE
GENÈVE
BELLEGARDE
ANNECY
LYON
AIX-LES-BAINS
CHAMBÉRY
SAINT-ÉTIENNE
GRENOBLE
Vers MARSEILLE
et MONTPELLIER
Ligne nouvelle en service en octobre 1981
Ligne nouvelle en service en octobre 1983
Ligne actuelle Paris-Lyon
Lignes actuelles empruntées par les TGV en octobre 1981
Lignes actuelles empruntées par les TGV ultérieurement

Page de gauche : cette carte datant du début des années 1980 montre la LN1 du TGV Sud-Est. Longue de 409 km, elle est donc plus directe que la voie classique. Comme on le voit, elle évite en effet Dijon et plonge vers Le Creusot puis Mâcon. Lorsque la ligne commerciale Paris-Lyon est ouverte en 1981, seul le tronçon entre Saint-Florentin (Yonne) et Sarthenay (Rhône) est autorisé à 270 km/h (puis à 300 km/h). Il faut attendre 1983 pour que la liaison se fasse entièrement à grande vitesse.

les conséquences du premier choc pétrolier de 1973. Avant cet événement, la part du coût du carburant pétrolier ne représentait que 5 % du programme TGV, à la différence de la traction électrique globalement plus onéreuse, car nécessitant une infrastructure considérable : pose de sous-stations, élaboration de nouveaux pantographes et de nouveaux moteurs, etc. Mais les pays de l'OPEP renversent la donne : juste après la guerre du Kippour, une partie des pays producteurs de pétrole décident de réduire leurs exportations en représailles contre les pays ayant soutenu la campagne militaire israélienne, au premier rang desquels figurent les États-Unis. Puis la réduction devient un embargo. Le prix du baril, jusque-là de l'ordre de 3 $ de l'époque, est multiplié par quatre, par cinq puis par six. À partir de 1974, si l'embargo est levé, ce sont désormais les pays producteurs, et non plus les compagnies pétrolières (majoritairement occidentales) qui fixent les prix. Plus jamais le baril ne se négociera sur les marchés à 3 $. Le monde entre dès lors dans une course aux économies de carburant, une « chasse au gaspi » qui rentre sa ritournelle « faire des économies d'énergie » dans la tête des citoyens (qu'on ne s'y trompe pas : il n'est à cette époque aucunement question d'une attitude écologique).

En 1983, il devient désormais banal d'effectuer en une seule journée un aller et retour Paris-Lyon, ce qui était pratiquement inconcevable auparavant, à moins de prendre l'avion. Innovation sans pareil, le TGV constitue, à un siècle et demi de distance, une révolution du genre de vie des Français comparable à celle des premiers trains.

L'année 1978 est une sorte de consécration pour Alsthom-Atlantique (ainsi nommé depuis que le groupe a repris l'activité des Chantiers de l'Atlantique de Saint-Nazaire). La firme se charge en effet de la construction du fleuron de la SNCF, le TGV.

Ci-contre : dans les voitures de 1re classe du TGV première génération : l'orange et les bruns sont toujours privilégiés !

Ci-dessous : l'intérieur des voitures de 2e classe, évoque celui d'un avion.

Pupitre de commande d'une cabine de conduite d'un TGV. Pour voyager paisiblement à 270 km/h, le train dispose de systèmes de sécurité très élaborés. Si le conducteur ne répond pas à certains signaux sonores ou mécaniques, la rame s'arrête d'elle-même.

Le logo TGV adopté au début des années 1980 évoque indéniablement la vitesse.

La SNCF calcule de son côté qu'en portant son choix sur la traction électrique, elle économisera 150 000 t de pétrole par an. En 1974, ne pouvant plus faire marche arrière, elle met au point de nouveaux pantographes sur une automotrice Z 7001 expérimentale surnommée « Zébulon », du nom

Le 26 février 1981, la rame TGV n°16 atteint 380 km/h. C'est là un record de plus pour la SNCF qui ajoutera à son actif les 515,3 km/h en mai 1990 (avec un TGV Atlantique) et 574,8 km/h en 2007. Le TGV Paris-Sud-Est (PSE) fonctionne sous les deux tensions françaises les plus communes (1 500 volts et 25 000 volts /50 hertz), mais d'autres rames sont en 2011 tricourants ou quadricourants pour rejoindre d'autres pays (Suisse, Belgique, Pays-Bas, Italie, Allemagne et Royaume-Uni).

d'un des célèbres personnages du *Manège enchanté* que les enfants ont découvert en 1964 sur le petit écran. C'est le courant monophasé de 25 000 volts qui est choisi. Pour la construction de la ligne LGV, de nouveaux rails sont élaborés, des ouvrages d'art lancés et une signalisation spécifique mise au point – système TVM (Transmission voie-machine) qui comporte un système automatique d'arrêt d'urgence. La ligne LGV ne comportera que deux voies, ce qui limitera son emprise au sol et aussi son impact écologique.

Deux TGV Sud-Est en unité multiple (deux rames). Une rame comporte huit remorques qu'encadrent deux motrices, la capacité
On note la disposition des bogies entre les remorques intermédiaires qui reposent ainsi en porte-à-faux, chacune sur une moitié
remorque d'extrémité, dispose de son propre élément moteur.

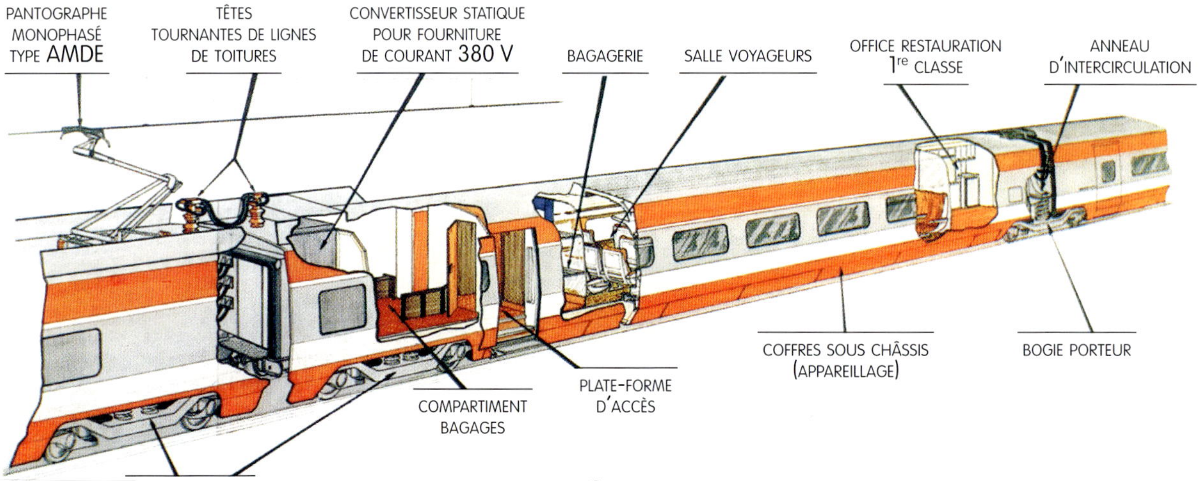

d'une unité multiple atteignant 736 places. de bogie. La première remorque, dite

Après de nombreux essais avec les rames « Patrick et Sophie » (noms dont ont été affublées les rames d'essais à partir des initiales PSE pour Paris-Sud-Est), la ligne du TGV Sud-Est est ouverte le 27 septembre 1981. À cette date, seul le tronçon entre Passilly (Yonne) et Sarthonay (Ain) est de type LGV. Il faudra attendre deux années pour que la ligne LGV s'allonge. Entre-temps, le 26 février 1981, le TGV n°16 aura atteint 380 km/h – le 18 mai 1990, une rame montera à 515,3 km/h, et une autre à 574,8 km/h le 3 avril 2007.
À l'orée des années 1980, la SNCF a réussi son pari et complètement transformé sa conception du transport ferroviaire. En 1982, le *Mistral* disparaît sans tambour ni trompette. Quelques années plus tard, le *Capitole*, qui a été victime d'un attentat perpétré par un certain Ilich Ramírez Sánchez , alias Carlos, s'éclipse, dépassé par le nouveau TGV Atlantique. Quant aux prestigieux TEE, ils connaissent une fin sans gloire, leurs services fondant comme neige au soleil au début de ces mêmes années 1980, eux aussi relégués par les rames TGV à vocation internationale. Mais, revers de la médaille, les coûteux investissements réalisés pour la LGV et le TGV se sont faits au détriment des lignes secondaires qui vont devoir user jusqu'à la corde toute une lignée d'autorails datant des années 1950 et 1960.
En choisissant le TGV, un moyen de transport devenu depuis indispensable, la SNCF a incontestablement fait gagner du temps sur le temps. Mais elle a aussi, en l'espace de quelques années, envoyé au musée ses trains les plus prestigieux.

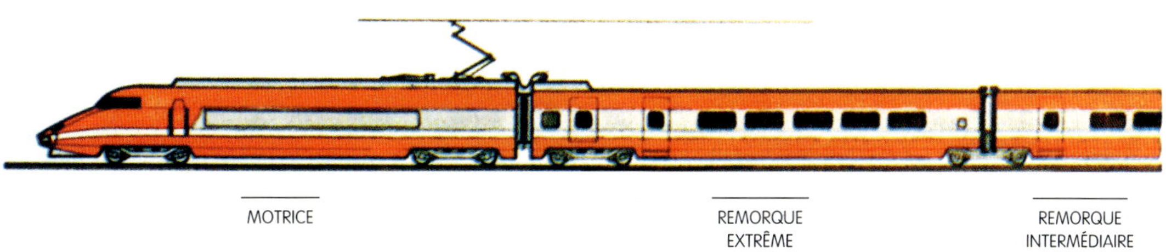

Alsthom a été le grand maître d'œuvre des TGV : les remorques intermédiaires ont été construites par son usine d'Aytré (ex- Brissonneau & Lotz, dans la banlieue de La Rochelle), celle de Belfort a assuré l'assemblage des motrices, et celle de Tarbes (Hautes-Pyrénées) s'est chargé des moteurs de traction. Quant aux remorques d'extrémités, elles ont été réalisées par De Dietrich à Reichshoffen (qui tombera dans le giron d'Asthom en 1995).

Pioneer américaine du début des années 1860. Aux États-Unis, cette configuration 210 peu courante (un unique essieu moteur reculé en arrière du foyer) porte le code Whyte 4-2-0.

Essieux*	Classification française	Type
OOO	030	Bourbonnais ou Mammouth
oOo	111	Single
ooO	210	Crampton
ooOo	211	Bicyclette
oooO	310	Crampton (2e version)
OO	020	Four Wheel
oOOo	121	Columbia
ooOO	220	American ou Outrance
ooOOo	221	Atlantic
ooOOoo	222	Jubilee
oOOO	130	Mogul
oOOOo	131	Prairie
oOOOoo	132	Adriatic

* o = essieu porteur O = essieu moteur

Classification des locomotives

Les locomotives, quel que soit leur mode de propulsion, sont classifiées selon leur configuration d'essieu. On distingue ainsi les essieux porteurs soulageant le poids – et qui guident aussi plus ou moins la machine, dans le cas des bissels – des essieux moteurs, c'est-à-dire ceux effectivement entraînés par le moteur. Les systèmes de classification varient suivant les pays. Par exemple, une 4-4-2 pour la codification anglo-saxonne Whyte est une 221 en France et en Belgique, et une 2/5 en Suisse. Certaines machines à vapeur ont reçu en sus une appellation usuelle qui, elle, est plus ou moins universelle, la 221 étant ainsi une Atlantic. Avec l'arrivée des machines électriques et des diesel-électriques, un autre type de classification est apparu et s'est généralisé en France, celle de l'UIC (Union internationale des chemins de fer). Les essieux moteurs y sont désignés par des lettres : A pour un essieu moteur unique, B pour un bogie à deux essieux moteurs, C pour un bogie à trois essieux moteurs, les essieux porteurs étant désignés par un chiffre.

Essieux*	Classification française	Type
ooOOO	230	Ten Wheel ou Ten Wheeler
ooOOOo	231	Pacific
ooOOOoo	232	Hudson ou Baltic
OOOO	040	Eight Wheel
oOOOO	140	Consolidation
oOOOOo	141	Mikado

Une 231 Pacific américaine, machine typique avec deux essieux porteurs avant sous forme d'un bogie bissel articulé, trois roues motrices et un essieu porteur. On remarque la longeur généreuse du tender reposant quant à lui sur deux bogies à trois essieux.

Une 241 P de la SNCF.
La Mountain est une machine identique à la Pacific mais avec un essieu moteur supplémentaire.

Essieux*	Clas sification française	Type
ooOOOO	240	Twelve Wheel
ooOOOOo	241	Mountain
ooOOOOoo	242	Northern ou Niagara
OOOOOo	051	Union
oOOOOO	150	Decapod
oOOOOOo	151	Santa Fe
oOOOOOoo	152	Texas ou Colorado
ooOOOOO	250	Mastodon
ooOOOOOo	251	Super Mountain ou Southern Pacific
OOOOOO	060	Twelve Wheel ou Twelve Coupled
oOOOOOO	160	Centipede
ooOOOOOOo	261	Union Pacific
OO-OO	BB	BB 8500, BB 20000, BB 25500, BB 16500
OO-OO	BoBo	BB 9003 et 9004, BB 9200 et dérivés, nez cassés BB 7200 et dérivés
OO-OO-OO	BoBoBo	resté au stade d'essais en France
OOO-OOO	CC	CC 6500, CC 21000 bicourant, CC 40100 électriques, CC 72000 diesel électrique
OOO-OOO	CoCo	CC 1100, CC 7100, CC 14000, CC 20000 et dérivés
oo-OOOO-oo	2D2	
oo-OO-OO-oo	2BB2	
oo-OOO-OOO-oo	2CC2	2CC2 3400
o-O-OO-OO-O-o	1ABBA1	1ABBA1 3500 et 1ABBA1 3600
o-OOO-OOO-o	1CC1	1CC1 3700, ACC1 3800
OoO-OoO	A1AA1A	

* o = essieu porteur O = essieu moteur

*Ci-dessus, une 150 P Decapod de la SNCF.
La machine dispose d'un essieu porteur et de cinq essieux moteur. L'essieu porteur est un bissel, un essieu ayant un certain débattement latéral pour faciliter l'inscription en courbe de la machine.*

La CC 7100 est une machine à deux bogies comportant chacun trois essieux moteurs. Il n'y a pas d'essieux porteurs. Normalement, la désignation exacte est Co'Co' et non pas CC, car sur cette locomotive, chacun des trois essieux d'un bogie dispose de son propre moteur – c'est ce que désigne le O – tout en étant groupés avec les deux autres (ils pivotent ensemble pour suivre la voie). Ce groupage est symbolisé par les apostrophes.

Remarques
2 bogies, 2 essieux avec un moteur par bogie
2 bogies, 2 essieux avec un moteur par essieu
3 bogies, 2 essieux avec un moteur par bogie
2 bogies, 3 essieux avec un moteur par bogie
2 bogies, 3 essieux avec un moteur par essieu
essieux moteurs fixés à la caisse
essieux moteurs réunis en deux bogies
locomotive électrique affectée à la ligne de la Maurienne
locomotive électrique affectée à la ligne de la Maurienne
locomotive électrique affectée à la ligne de la Maurienne

glossaire

A

Adhérence totale : se dit d'une locomotive dont tous les essieux sont moteurs.

Agent : personnel de la SNCF non affecté à la conduite d'une locomotive.

Aiguillage ou aiguille : appareil de voie permettant à un train de changer de voie.

Anneau d'intercirculation : permet aux passagers d'un TGV de passer d'une remorque à une autre.

Automotrice : rame électrique destinée au transport des voyageurs.

Autorail : rame à moteur thermique destinée au transport des voyageurs.

Avertissement : signal mécanique (losange jaune) ou lumineux (unique feu orange) signifiant une obligation de réduire la vitesse.

B

Ballast : couche de gravas de diamètres variés soutenant la voie ferrée tout en absorbant les efforts de celle-ci.

Banalisation : se dit lorsqu'une voie unique peut servir dans un sens comme dans l'autre moyennant l'adaptation de systèmes de sécurité.

BB : désignation UIC (Union internationale des chemins de fer) appliquée en France et en Belgique désignant une locomotive électrique à deux bogies de deux essieux moteurs.

Belpaire (foyer) : le foyer Belpaire du nom de son inventeur le Belge Alfred Belpaire se distingue par sa voûte de foyer plate et non arrondie, facilitant la combustion de charbon de qualité moyenne tout en accroissant le rendement calorique.

Bielle : manivelle principale entraînant le ou les essieux moteurs d'une machine à vapeur, plus rarement diesel.

Bogie (ou boggie) : ensemble d'au moins deux essieux maintenus sur un bâti mobile par rapport au châssis qu'il supporte, facilitant ainsi l'inscription en courbe d'un matériel roulant.

Boîte à feu : partie entourant le foyer d'une locomotive à vapeur. Elle a généralement une forme cylindrique (foyer Crampton) ou parallèle au foyer (foyer Belpaire – *voir « Belpaire »*).

Boîte à fumée : partie avant et cylindrique de la locomotive à vapeur où sont recueillis les gaz de combustion avant qu'ils soient éjectés par la cheminée.

Bosse : surélévation de la voie dans les gares de triage pour laisser rouler les wagons vers les voies qui leur ont été désignées.

Bretelle : appareil de voie composé d'un court tronçon muni de deux aiguilles à ses extrémités, et permettant de raccorder deux voies parallèles.

BV : dans les gares, abréviation pour « bâtiment de voyageurs ».

C

Canton : une ligne ferroviaire est divisée en plusieurs sections nommées cantons, cloisonnements qui permettent de contrôler plus efficacement le nombre et l'espacement des trains qui y circulent.

Carré : signalétique mécanique (carré violet ou rouge) ou lumineuse (feu violet) signifiant l'arrêt immédiat du train.

Caténaire : dispositif aérien d'alimentation des machines électriques.

CC : désignation UIC appliquée en France et en Belgique désignant une locomotive électrique à deux bogies de trois essieux moteurs.

Château d'eau : réservoir d'eau servant à alimenter en eau les locomotives à vapeur.

Chauffeur : en charge de la conduite d'une machine à vapeur et de l'alimentation de son foyer.

Circulation : les trains français circulent à gauche, sauf en Alsace-Lorraine où ils circulent à droite.

Compound : sur les machines à vapeur, système de recyclage d'une partie de la vapeur pour réduire la consommation d'eau et de combustible tout en améliorant le rendement du moteur : après un premier passage dans des cylindres haute pression (HP), la vapeur est recyclée dans des cylindres basse pression (BP). En général, les machines compounds comportent donc quatre cylindres.

Contre-vapeur : système de freinage d'une machine à vapeur par inversion du sens de marche.

Corail : type de voitures de voyageurs à bogies Y32 mises en service à partir de 1975.

Couvert : wagon fermé muni de portes coulissantes pour le transport de diverses marchandises.

Crampton (foyer) : type de foyer semi-circulaire épousant la forme de la chaudière cylindrique mise au point par le britannique Thomas Russel Crampton à partir de 1845.

Crocodile : dispositif de sécurité posé entre les rails et dont le contact avec une brosse métallique sous le châssis d'une locomotive provoque une répétition du signal de voie en cabine, ce qui permet au conducteur qui n'aurait pas vu un signal d'en être averti.

Croisement : appareil de voie permettant à deux voies de se croiser.

D

DEA : abréviation de Division des études des autorails et de la traction diesel, organisme né en 1938.

DEL : abréviation de Division des études des locomotives, organisme né en 1938.

Dépôt : lieux de remisage, d'entretien et de ravitaillement des locomotives.

DETE : abréviation de Division des études de la traction électrique, organisme né en 1938

DEV : abréviation de Division des études des voitures de la SNCF, organisme né en 1938.

Disque : signal ferroviaire sous forme d'un disque mécanique rouge (signalisation mécanique) ou d'un feu jaune et rouge (signalisation lumineuse) signifiant un arrêt différé.

Double réduction : système mécanique comprenant des engrenages de tailles différentes entre la sortie moteur et les essieux, ce qui permet de réduire la vitesse de rotation de l'arbre moteur ou bien d'opter pour la même vitesse. On obtient ainsi deux rapports de réduction.

E

Éclisse : plaque de jointement métallique reliant deux rails entre eux.

Écartement : largeur de la voie ferrée. L'écartement normal français et standardisé en Europe est de 1 435 mm.

Effort de traction : capacité de traction d'une locomotive à pleine puissance lors de son démarrage.

Express : train s'arrêtant dans quelques gares, plus rapide que l'omnibus mais moins que le rapide.

F

Flaman : indicateur et enregistreur de vitesses des machines de la SNCF – invention d'Eugène Flaman.

Foudre : wagon en forme de barrique destiné au transport du vin.

Fourgon : matériel remorqué destiné au transport de bagages.

Fourgon-générateur : matériel remorqué destiné au transport de bagages et disposant dans un espace spécifique d'un groupe électrogène indépendant produisant l'électricité ou le chauffage nécessaires à la rame dans laquelle il est intégré.

Fourgon postal : matériel remorqué destiné au transport du courrier.

Fourgon-truck : wagon plat prévu pour le transport de cadres (anciens conteneurs).

G

Gabarit : le gabarit ferroviaire comprend le gabarit des véhicules (largeur et hauteur maxi) et le gabarit des obstacles (ponts, tunnels, etc.). Les deux ont été progressivement internationalisés pour que le matériel roulant puisse se croiser et évoluer sur différents réseaux sans danger.

GV : abréviation de Grande vitesse : ancienne dénomination du Régime accéléré.

H

Heurtoir : dispositif de fin de voie.

I

Injecteur : système d'introduction de l'eau contenue dans le tender vers la chaudière d'une locomotive à vapeur.

K

Kylchap : système d'échappement par la cheminée dû au finlandais Kylälä et amélioré par le français André Chapelon pour les machines à vapeur. Cet échappement accélère l'éjection des gaz, et par là même le tirage du foyer augmentant ainsi la production de vapeur.

L

LGV : abréviation de Ligne à grande vitesse.

Lignes radiales : grandes lignes en étoile, partant généralement de la capitale, Paris.

Lignes secondaires : lignes reliant des espaces peu fréquentés.

Lignes transversales : grandes lignes ne passant pas par Paris, mais reliant les principales villes régionales.

Locomotive : machine capable de se mouvoir et fournissant l'énergie à un train.

Locomotive-tender : machine à vapeur dépourvue de tender, les réserves d'eau et du combustible étant placées directement sur le châssis.

Locotracteur : machine de manœuvre utilisée pour préparer les rames de voitures ou de wagons, ou assurant la traction dans l'enceinte d'usines. Certains locotracteurs peuvent être amenés à effectuer de courtes distances sur le réseau secondaire.

M

Marche à vue : circulation à vitesse réduite afin de pouvoir s'arrêter rapidement en cas de besoin

Marche d'essais : circulation d'une locomotive ou d'un matériel roulant lors de ses phases d'essais.

Minéralier : wagon conçu pour le transport de minerais et de charbon.

Moteur de traction : moteur électrique entraînant les essieux.

O

OCEM : abréviation d'Office central d'études de matériel des chemins de fer chargé, de 1919 à 1938, de normaliser la fabrication des matériels roulants non automoteurs.

Omnibus : train permettant de relier une zone rurale à la capitale du pays. Par extension, train s'arrêtant dans toutes les gares.

P

Pantographe : système articulé qui, une fois déployé, permet à la locomotive de capter le courant.

Plat : wagon plat de divers types, parfois munis de ridelles, et servant au transport d'objets volumineux – véhicules, machines, containers, grumes, etc.

PN : abréviation de passage à niveau.

Polycourant : machine pouvant fonctionner sous diverses tensions électriques.

Pupitre de conduite : sur les machines électriques ou diesel-électrique, il s'agit d'un tableau de bord de conduite.

PV : abréviation de Petite vitesse : ancienne dénomination du Régime ordinaire.

R

RA : abréviation de régime accéléré. Train de marchandises circulant à vitesse élevée pour le transport de denrées périssables.

Rampe : lorsque la voie ferrée suit une côte ascendante. Sa déclivité s'exprime en mm/m.

Rail : longues barres d'acier profilé qui, mises en parallèle, guident les roues d'un véhicule ferroviaire. Le rail est composé d'un champignon (table de roulement), d'une âme (partie verticale) et d'un patin (partie reposant sur la traverse).

Rail à double champignon symétrique : maintenant abandonné, c'était un rail dont le champignon inférieur servait de patin. En cas d'usure, on retournait le rail pour changer la table de roulement.

Rail soudé (long) : le long rail soudé (LRS) est composé de rails soudés entre-eux atteignant plusieurs kilomètres de long.

Rail Vignole : rail moderne le plus généralisé. Différemment du rail champignon, le Vignole comporte un patin à base plate.

Rapide : train parcourant le maximum de distance en un minium de temps (peu d'arrêts).

Rebroussement : se dit d'un train obligé de repartir dans le sens par lequel il est arrivé.

Réchauffeur : système permettant de préalablement réchauffer l'eau avant son introduction dans la chaudière d'une locomotive à vapeur.

RGP : abréviation de Rame à grands parcours. Autorails diesel rapides.

RO : abréviation de Régime ordinaire. Train de marchandises pour le transport de fret non périssable à 80 km/h.

Rotonde : garage à locomotives de forme arrondie, desservi par une plaque ou un pont tournants.

S

Sas de sécurité : voie très courte terminée par un heurtoir, servant à diriger un train qui risquerait de se retrouver face à un autre train circulant sur la même voie d'origine.

Sémaphore : signal mécanique (palette rouge) ou lumineux (unique feu rouge) signifiant un arrêt immédiat.

Simple expansion : se dit d'une machine à vapeur non compound à deux cylindres.

Soufflet : système permettant de passer d'une voiture à l'autre à l'abri des intempéries.

Stocker : système d'alimentation mécanique par vis sans fin du foyer d'une locomotive depuis son tender. Le mot provient de l'anglais, *to stoke* signifiant alimenter une machine, et *stoker* l'homme en étant chargé.

Surchauffe : système évitant à la vapeur de se condenser dans les cylindres pour accroître le rendement.

T

Tampon : organe de choc situé à l'extrémité d'un véhicule ferroviaire.

TEE : sigle de Trans Europ Express. Train de 1re classe en service de 1957 à 1987 entre des grandes villes françaises ou européennes.

Tender : wagon accouplé directement à une locomotive et contenant les réserves d'eau et du combustible.

TGV : abréviation de Train à grande vitesse.

TIA : abréviation de Traîtement intégral Armand : système mis au point pour les locomotives à vapeur par le Français Louis Armand (à la tête de la SNCF après 1945). Le TIA consiste à injecter un produit réactif à l'eau de la chaudière pour éviter le tartre, le calcaire et la corrosion.

Tiroirs plans : dans les premières locomotives, système d'admission de la vapeur dans les cylindres.

Tiroirs cylindriques : tiroirs plus fiables et générant moins d'usure, adoptés à partir de 1910.

Tombereau : wagon à ciel ouvert destiné au transport de marchandises en vrac.

Traction double : lorsque deux locomotives sont attelées ensemble mais conduites par deux conducteurs chacun dans leur machine.

Train de messagerie : train affecté essentiellement au transport de colis.

Train entier : généralement, un train de wagons de marchandises emportant un même type de marchandises provenant d'un même expéditeur et pour un même destinataire.

Traverses : pièces en bois, en béton ou en métal posée en travers et sous les rails dont elles assurent l'écartement continu. Se dit aussi des pièces horizontales dressés transversalement aux extrémités des voies et recevant les tampons des locomotives ou des wagons.

Traversée-jonction simple (TJS) ou double (TJD) : appareil de voie permettant à deux voies de se croiser, remplaçant en même temps une aiguille et un croisement.

Trémie : wagon avec toiture spécialement adapté au transport de pulvérulents.

Turbodynamo : dans une locomotive à vapeur, turbine à vapeur qui entraîne une génératrice produisant du courant électrique.

U

Unité multiple : lorsque deux locomotives sont attelées ensemble mais conduites par un seul conducteur dans la machine de tête.

V

Viaduc : ouvrage d'art ferroviaire permettant de s'affranchir du relief.

Voiture : matériel remorqué destiné au transport de voyageurs

Voiture de renforcement : voiture de tête ou de queue d'un type différent de celui de la rame constituée, parce que ajoutée pour remplacer une voiture défectueuse ou bien accroître la capacité du train.

Voie de 60 : voie dont l'écartement est de 600 mm (voie des trains de chantier).

Voie de débord : voie de déchargement à l'air libre permettant de transborder la marchandise directement dans un camion ou un autre véhicule.

Voie normale : voie correspondant à un écartement de 1 435 mm.

Voie métrique : voie correspondant à un écartement de 1 m.

W

Wagon : matériel remorqué destiné au transport de marchandises ou d'animaux. En Belgique, le terme s'applique aussi aux voitures de voyageurs.

Nf
c205
Nf
c204

Crédits photographiques

Les documents illustrant cet ouvrage sont issus des archives personnelles de l'auteur, de l'agence Big-Block (bigblock.agency@gmail.com) ou de collectionneurs privés, excepté les images dont la liste suit :

Library of Congress : pp.12 à 17, p.25 en haut, p.28 en haut à droite et en bas, pp.32-33, p.38 en haut à gauche, p.39 en bas, p.40, pp.42-43, pp.48-49, p.51 en haut à gauche, p.57, pp.74-75, pp.180-181 ;

NARA : pp.58 à 61, p.66 en haut à gauche ;

SNCF : pp.62 a 65, p.69, p.79, p.94, p.100, p.110, p.112, p.115 en haut à droite et en bas, pp.116 à 119, p.126, p.136-137, p.145 en haut, pp.148 et149, p.153 en bas, p.157, pp.160 à 163 ;

Alstom (photos ou documents) : p.169, pp.170 et 171 en bas, p171 en haut à droite, pp.178-179.

Remerciements

L'auteur tient à remercier

Christophe Belser pour ses connaissances de l'histoire des anciens réseaux ;

la Direction du matériel de la SNCF ;

le Chemin de fer de la Baie de Somme
Gare de Saint-Valéry BP 031 – 80230 Saint-Valéry-sur-Somme
(http://www.cfbs.eu/accueil-fr.html).

À voir également

Visites

Cité du Train,
2 rue Alfred de Glehn – 68200 Mulhouse
Tél : + 33 (0)3 89 42 83 33
http://www.citedutrain.com/

Dépôt-musée de l'Ajecta,
Musée Vivant du Chemin de Fer Dépôt des Locomotives
3 rue Louis Platriez – 77650 Longueville
Tél : +33 (0)1 64 08 60 62
http://www.ajecta.org/Page_cadr_dep.htm

Musée des tramways à vapeur et des chemins de fer secondaires français (MTVS),
Mairie de Butry-sur-Oise – 95430 Butry-sur-Oise
Tél : +33 (0)1 34 73 04 40

Matériel ferroviaire et patrimoine national (MFPN)
1, rue du TGV – 94190 Villeneuve-Saint-Georges
Tél : +33 (0)1 43 89 48 60

Musée des transports de Pithiviers,
rue Carnot – 45300 Pithiviers
Tél : +33 (0)2 38 48 26
http://amtp-pithiviers.wifeo.com/

Musée des transports urbains, interurbains et ruraux (AMTUIR)
1, rue Gabriel de Mortillet – 77500 Chelles
Tél : +33 (0)1 60 20 45 50
http://www.amtuir.org/

Le Musée des chemins de fer Rosny-Rail,
1, place des Martyrs de la Résistance – 93110 Rosny-sous-Bois
Tél : +33 (0)1 43 00 58 05
http://www.rosny-rail.fr/pages/index.html

Le Musée Agrivap, rue de l'Industrie
63600 Ambert,
Tél : +33 (0)4 73 82 43 88

Site internet

Pour tout savoir sur tous les trains touristiques de France :
http://www.lafrancevuedurail.fr/cftliste.htm